Desara Beqari Gjonej / Martin Prochazka

Eja edhe ti! 1

Arbeitsbuch für Albanisch mit Lösungen, Grammatik und Vokabelverzeichnis (Albanisch–Deutsch)

Konzept und Projektleitung:

Desara Beqari Gjonej

Herzlichen Dank!

Für die Projektbetreuung:

Univ.-Prof. Dr. Walter Höflechner

Für die Projektfinanzierung:

Bundesministerium für Wissenschaft, Kultur und Forschung, Wien

Schmetterling Verlag

Bibliografische Informationen der Deutschen Nationalbibliothek:
Die Deutsche Nationalbibliothek verzeichnet diese Publikation in der Deutschen Nationalbibliografie; detaillierte Daten sind im Internet über http://dnb.d-nb.de abrufbar.

Wir danken allen KollegInnen und Albanisch-InteressentInnen, die *Eja edhe ti!* im Unterricht und Selbststudium erprobt und mit wertvollen Anregungen zu einem gelungenen Lehrwerk beigetragen haben.

***Eja edhe ti!* 1 – Materialien**

- Lehrbuch mit Lösungen
- Arbeitsbuch mit Lösungen, Grammatik und Vokabelverzeichnis (Albanisch-Deutsch)
- MP3-Download: zu erwerben unter www.schmetterling-verlag.de

Externe Lektoren: Prof. Veiz Karagjozi, Prof. Tefë Topalli
Titelbild: TOLI (www.toliart.co.uk)
Zeichnungen: TOLI (www.toliart.co.uk)
Fotografien: Florian Gjonej, Riana Ura Dragu

Schmetterling Verlag GmbH
Libanonstr. 72A
70184 Stuttgart
www.schmetterling-verlag.de
Der Schmetterling Verlag ist Mitglied von aLiVe.

ISBN 3-89657-964-9
2. Auflage 2024

Printed in Bulgaria
Druck: Multiprint, Kostinbrod

Pasqyra e Lëndës
Inhaltsverzeichnis

1. **Ergänzen Sie die fehlenden Buchstaben.**

   A a, B b, C c, _____, D d, Dh dh, E e, ______, F f,

   G f, Gj gj, H h, I i, _____, K k, L l, Ll ll, M m, N n, _____,

   O o, P p, _____, R r, Rr rr, S s, Sh sh, T t, _____,

   U u, V v, _____, Xh xh, _____, Z z, _____.

2. **Audio 2 Kreuzen Sie die Buchstaben an, die Sie hören.**

   ☐ g ☐ c ☐ s

   ☐ f ☐ k

3. **Audio 3 Kreuzen Sie die Vokale an, die Sie hören.**

   ☐ a ☐ ë ☐ i

   ☐ y ☐ u

4. **Audio 4 Kreuzen Sie die Doppelkonsonanten an, die Sie hören.**

   ☐ nj ☐ gj ☐ th

   ☐ zh ☐ ll

5. **Audio 11 Kreuzen Sie die Begrüßungen an, die Sie hören.**

   ☐ Mirëmëngjes! ☐ Mirëmbrëma! ☐ Mirëdita!

   ☐ Mirupafshim! ☐ Ç'kemi?

6. **Kombinieren Sie.**

1) **mirë**	e mirë	1) *Mirëmëngjes!*
2) mirë	upafshim	2) ______
3) ç'	**mëngjes**	3) ______
4) mir	e mirë	4) ______
5) natën	dita	5) ______
6) ditën	kemi	6) ______

7. **Welche Buchstaben fehlen?**

   1) Mirëmën__es! 2) Mir__dita! 3) Natën __ mirë! 4) __'kemi?

   5) __onja 6) Si __eni? 7) Ma__ola!

8. **Audio 16 Kreuzen Sie die Wörter an, die Sie hören.**

   ☐ bagazh ☐ valixhe ☐ aeroport

   ☐ pasagjer ☐ pasaportë ☐ restorant

9. Welche Buchstaben fehlen?

1) __eroport 2) vali__e 3) baga__ 4) pasa__er

10. Bildest Sie richtige Wörter.

1)	**av**	macion	1)	*avion*
2)	ta	gazh	2)	______
3)	pasa	**ion**	3)	______
4)	ba	gjer	4)	______
5)	infor	lixhe	5)	______
6)	resto	ksi	6)	______
7)	va	rant	7)	______

11. Bilden Sie richtige Fragesätze.

1)	**A je**	franceze	1)	*A je amerikan?*
2)	Ku	quhesh	2)	______
3)	Si	vjen	3)	______
4)	A je	jeton	4)	______
5)	Prej nga	**amerikan**	5)	______

12. Bilden Sie richtige Aussagesätze.

1) nga – jam – Unë – Shqipëria ______
2) në – Amerikë – Jetoj ______
3) jam – Po – franceze ______
4) Mira – Quhem ______

13. Schreiben Sie in der Sie-Form.

1) Prej nga vjen? *Prej nga vini?*
2) Ku jeton? ______
3) Si quhesh? ______
4) A je gjerman? ______
5) Mirë se vjen! ______

14. Audio 20 Kreuzen Sie die Zahlen an, die Sie hören.

☐ 2 ☐ 5 ☐ 7

☐ 3 ☐ 10 ☐ 4

15. **Audio 22 Kreuzen Sie die Zahlen an, die Sie hören.**

- ☐ tre
- ☐ dy
- ☐ shtatë
- ☐ pesë
- ☐ një
- ☐ nëntë
- ☐ dhjetë
- ☐ katër
- ☐ gjashtë
- ☐ tetë

16. **Schreiben Sie die Zahlen als Wort.**

2: ______________________ 8: ______________________

7: ______________________ 5: ______________________

9: ______________________ 4: ______________________

10: ______________________ 3: ______________________

1: ______________________

17. **Welche Buchstaben fehlen?**

1) mo__ë 2) __antë 3) __ibër

18. **Audio 23 Hören Sie. Wo liegt die Betonung? Markieren Sie Ihre Antwort.**

babi, mami, mollë, çantë, libër, mirë, gjashtë, tetë

mirëdita, faleminderit, mirëmëngjes, valixhe, pasagjer, jetoj

Shqipëri, Itali, Angli, taksi

Prezantime dhe përshëndetje I — Sich vorstellen – Begrüßungen I — Modul 1

19. **Audio 2 Was hören Sie? Kreuzen Sie an.**

- ☐ Mirëdita!
- ☐ Ç'kemi?
- ☐ bagazh
- ☐ aeroport
- ☐ Mirë se vjen!
- ☐ Tomi!
- ☐ Si jeni?
- ☐ Si je?
- ☐ unë
- ☐ ti
- ☐ Shqipëri
- ☐ është
- ☐ tani
- ☐ i lumtur
- ☐ Tiranë
- ☐ Mirë se vini!

20. **Setzen Sie ein:**

jam – je – është

1) Si ________, Tom? 2) Unë ________ i lumtur.

3) Ky ________ aeroporti. 4) Tomi ________ në Shqipëri.

21. **Ergänzen Sie die Du-Formen und die Sie-Formen.**

1) ju lutem – ____________ 2) ____________ – urdhëro

3) A ____________ bagazh? 4) më falni – më ____________

5) si jeni? – si ____________ 6) A ____________ bagazh?

22. **Audio 4 Hören Sie und markieren Sie die Betonung.**

mirëdita, është, (të) lutem, Tiranë, faleminderit, tani,

shumë, rregull, mirë, kohë, minutë, valixhe, Shqipëri, Rinas

23. **Schreiben Sie die Sätze in der richtigen Reihenfolge.**

- Mirëdita, Vera!
- Shumë mirë, faleminderit. Po ti?
- Mirëdita, Albert! Mirë se vjen në Tiranë!
- Shumë mirë dhe shumë i lumtur...
- Faleminderit! Si je?

____

____

____

____

____

24. **Setzen Sie ein:**

kafeja – valixhe – kafe – aeroporti – valixhja – aeroport

1) A keni ________________?. Po, ________________ është gati.

2) Unë kam një ________________. Ja ________________.

3) Unë jam në ________________. Ky është ________________ "Nënë Tereza".

25. **Bilden Sie richtige Sätze.**

1) është – bagazhi – ky ____________________

2) aeroport – në – jam ____________________

3) aeroporti – është – "Nënë Tereza" – ky ____________________

4) është – valixhja – këtu ____________________

5) bagazh – unë – kam ____________________

6) po – një – valixhe – vetëm – kam ____________________

26. Was passt zusammen? Ordnen Sie zu.

1.	Ku është Tomi?		Po, ai flet shqip.
2.	Ku studion Edlira?		Po, ajo punon si përkthyese.
3.	A flet Tomi shqip?		Ajo studion në Tiranë.
4.	A punon Edlira?		Tomi është në Shqipëri.

27. Kreuzen Sie die richtige Antwort an.

1. Wo ist jetzt Blerta?
- ☐ Blerta studion në Tiranë.
- ☐ Ai studion në Romë.
- ☐ Ajo jeton në Romë.

2. Welchen Beruf hat Blerta?
- ☐ Genti ka mall.
- ☐ Ajo është mjeke.
- ☐ Ajo është përkthyese.

3. Was sagt Edlira?
- ☐ Tomi është i dashuruar.
- ☐ Genti ka mall.
- ☐ Genti është mjek.

28 Was passt zusammen? Ordnen Sie zu.

1) Genti studion në Tiranë. →	Tani ai është në Shqipëri.
2) Edlira është përkthyese.	Ajo është mjeke.
3) Blerta jeton në Itali.	**Ai jeton në Tiranë.**
4) Tomi është austriak.	Ajo punon në aeroport.

29. Ergänzen Sie *aj* oder *ajo*.

1) Edlira është përkthyese. ______ flet anglisht dhe pak gjermanisht.
2) Genti është shqiptar. ______ është student.
3) Blerta është në Itali. ______ është mjeke.
4) Tomi është në Shqipëri. ______ është i lumtur.

30. Setzen Sie die Verben in der richtigen Form ein.

1) Ajo ______________ në aeroportin "Nënë Tereza".
2) Më vjen keq! Tani nuk ______________ kohë.
3) Ajo ______________ mjeke.
4) Genti dhe Edlira ______________ shqiptarë.
5) Tomi ______________ nga Austria.
6) A ______________ bagazh?
7) Unë ______________ shqip dhe anglisht.
8) Magdalena dhe Fatmira ______________ nga Zvicra.
9) Ai ______________ në Tiranë.

studioj – punoj – vij
jam – kam – vij –
flas – jam – kam

➔ Gr. S. 56/1, 2

31. **a) Setzen Sie ein:**

ai – ajo – ky – ajo – kjo – ai

1) ______ këtu është Edlira. _______ atje është Blerta.

2) ______ këtu është Genti. _______ atje është Tomi.

3) Kjo është Blerta. _____ është mjeke.

4) Ky është Genti. _____ është i dashuruar.

b) Bilden Sie Sätze mit: ai, ajo, ky, kjo

____

____

____

____

32. **Was sagt Majlinda? Lesen Sie vor.**

Unë quhem Majlinda.

Vij nga Pogradeci dhe jetoj në Tiranë.

Jam mësuese dhe përkthyese.

Unë punoj në Tiranë.

33. **Schreiben Sie über Majlinda in der 3. Person Singular.**

Ajo quhet ____

____

____

34. **Schreiben Sie über sich selbst.**

____

____

____

35. **Schreiben Sie über Ihre Kollegin / Ihren Kollegen.**

____

____

____

36. Setzen Sie ein:

nga – kjo – dhe – mirëdita – a

- Mirëdita, Era!
- ▪ Mirëdita, Arben!
- __________ është motra, Ermira.
- ▪ Unë jam Arbeni. __________.
- __________ jeni nga Tirana?
- ▪ Jo, unë vij __________ Durrësi.
- Oh, Durrësi dhe plazhi! Unë vij nga Prizreni __________ studioj në Tiranë.

A (Fragepartikel) + Verb:		
A vjen...?	–	Kommst du...? / Kommt er/sie/es...?
A shkon...?	–	Gehst du...? / Geht er/sie/es...?
A jeton në...?	–	Lebst du in...? / Lebt er/sie/es in...?

Shënime / Notizen:

37. Schreiben Sie Fragen- und Verneinungssätze nach dem Beispiel.

Beispiel: zoti Agim – ? – është – ky – a

Fragesatz

A është ky zoti Agim?

Verneinungssatz

Jo, ky nuk është zoti Agim.

Aussagesatz

Ky është zoti Besnik.

1) jeton – ? – Vjenë – në – a – Genti

Fragesatz

____

Verneinungssatz

____

Aussagesatz

____

2) Majlinda – nga – a – ? – Shkodra – vjen

Fragesatz

____

Verneinungssatz

____

Aussagesatz

____

3) a – ? – rusisht – Edlira – flet

Fragesatz

____

Verneinungssatz

____

Aussagesatz

____

38 Schreiben Sie die obigen Verneinungssätze mit *s'*.

1) *Jo, ky s'është zoti Agim.*
2) ____________________
3) ____________________
4) ____________________

39. Setzen Sie ein:

gati – dua – vonë – dua – shpirt

1) Mirëmëngjes, ________!
2) Të ________ shumë!
3) ________ një akullore!
4) Tani është ________
5) Kafeja është ________.

40. Ein Anruf. Bauen Sie den Dialog richtig nach und spielen Sie Rollenspiele.

___	Alo, mirëdita! Familja Hashani?
___	... zoti Xoxa. Tani Manjola nuk është këtu.
___	Po, mirëdita!
___	Unë quhem Anton Xoxa. A është zonjusha Manjola aty?
1	Alo!
___	S'ka përse! Mirudëgjofshim!
___	Më vjen keq zoti...
___	Xoxa.
___	Mirë, zonjë, faleminderit! Mirudëgjofshim!

Prezantime dhe përshëndetje I — Sich vorstellen – Begrüßungen I — Modul 4

41. Audio 14 a) Was hören Sie? Kreuzen Sie an.

☐ 17	☐ 3	☐ 5	☐ 11
☐ 7	☐ 15	☐ 8	☐ 6
☐ 19	☐ 1	☐ 13	☐ 10

b) Schreiben Sie die Zahlen als Wort:

____

____

____

42. **Audio 15** **Hören Sie und schreiben Sie die Zahlen als Wort.**

_7_ *shtatë* ______ ___ ______

___ ______ ___ ______

___ ______ ___ ______

43. **Bingo! Spielen Sie in der Gruppe.**

a) Schreiben Sie fünf Zahlen von 0–19 auf:

b) Schreiben Sie die Zahlen als Wort:

______

______

c) Hören Sie nun aufmerksam. Wer als erste/r ihre/seine fünf Zahlen hört und notiert, gewinnt.

44. **Setzen Sie ein:**

vjeç – vjeçe – vjeçë

1) Unë quhem Dea. Jam gjashtëmbëdhjetë ________.

2) Unë dhe motra jemi katërmbëdhjetë ________.

3) Jam Korabi. Unë jam njëzet ________.

4) Ata janë dymbëdhjetë ________.

5) Quhem Dritan. Jam tetëmbëdhjetë ________.

45. **Was passt zusammen? Ordnen Sie zu.**

1) **Joni është** →	njëzet vjeçe.
2) Mira është	pesëmbëdhjetë vjeçë
3) Beni dhe Goni janë	**pesëmbëdhjetë vjeç.**
4) Era dhe Besa janë	dymbëdhjetë vjeçë.
5) Meri dhe Joni janë.	njëmbëdhjetë vjeçe

46. **Audio 18** **Hören Sie und setzen Sie die fehlenden Wörter ein.**

Ky është Henry. Henry është nëntëmbëdhjetë __________. Ai vjen nga __________.

Henry jeton e punon në __________. Ai flet shqip dhe frëngjisht. Henry punon në __________.

47. **Schreiben Sie den Text aus der Aufgabe 46 in der Verneinungsform um.**

Ai **nuk** quhet Ben. Ai quhet Henry.

Henry **s'**është dhjetë vjeç. Ai është nëntëmbëdhjetë vjeç.

____

____

____

____

48. **Beschreiben Sie die Person auf dem Foto.**

a) Legen Sie den Namen, die Herkunft und das Alter fest.

____

____

____

b) Präsentieren Sie Ihre Arbeit vor der Gruppe.

49. **Lesen Sie folgende Wörter laut vor.**

adresë – adresa, telefon – telefoni, celular – celulari, e-mail – e-mail-i, muzikë – muzika

50. **Füllen Sie das Formular mit Ihren Daten aus.**

Emri:	____________________
Mbiemri:	____________________
Adresa:	____________________
	____________________
	____________________
Telefoni:	____________________
Telefoni celular:	____________________
E-mail-i:	____________________

51. **Setzen Sie die fehlenden Wörter ein:**

në – jemi – nga – jetojmë – punojmë – quhemi

Ne _______ Besforta dhe Era. Ne _______ shqiptare. Ne vijmë _______ Shkupi.

Ne _______ në Prishtinë. Ne _______ në aeroport në Prishtinë.

Ne shkojmë shpesh edhe _______ Shqipëri.

52. **Schreiben Sie den obigen Text in der 3. Person Plural.**

Ato quhen Besforta dhe Era. ______________________

____

____

____

____

53. **Fjalëkryq. Ç'profesion ka Edlira?**

tani – lutem – jeni – mjeke – dy

shqiptare – flas – është – Rinas – shpirt

1) Nënë Tereza është __________.

2) Tomi __________ i lumtur.

3) Aeroporti është në __________, Tiranë.

4) Blerta është __________.

5) ________ unë jam në Shqipëri dhe jam i lumtur.

6) Mirëmëngjes, __________! Kafeja është gati.

7) Djali im është ________ vjeç.

8) Mirëdita, zoti Xoxa! Si ________ ?

9) Unë ________ shqip.

10) Mirëdita, zonjë! Pasaportën, ju ________!

Edlira është: ☐☐☐☐☐☐☐☐☐

Wiederholung

54. **Wie heißt die bestimmte Form dieser Nomen?**

1)	valixhe	–	________	**2)**	informacion	–	________
3)	pasaportë	–	________	**4)**	kafe	–	________
5)	bagazh	–	________	**6)**	përkthyese	–	________
7)	pasagjere	–	________	**8)**	restorant	–	________
9)	pasagjer	–	________	**10)**	mollë	–	________
11)	çantë	–	________	**12)**	Shqipëri	–	________
13)	aeroport	–	________	**14)**	taksi	–	________
15)	mësuese	–	________	**16)**	dashuri	–	________

55. Setzen Sie die fehlenden Wörter ein.

Xhejmsi – Edlirë – përkthyese – studenti

Xhejms – Edlira – student – përkthyesja

1) Ky është një ____________.
____________ quhet ____________.
____________ vjen nga Amerika.

2) Kjo është një ____________.
____________ quhet ____________.
____________ vjen nga Shqipëria.

56. Setzen Sie die fehlenden Wörter sinngemäß ein.

1) Tomi jeton në ________. Ai vjen nga ________. Tani ai është në ________.
2) Klara jeton në ________. Ajo vjen nga ________. Tani ajo është në ________.
3) Xhejmsi jeton në ________. Ai vjen nga ________. Tani ai është në ________.

57. Schreiben Sie verneinenden Antworten.

1) A vjen Tomi nga Anglia? Jo, ____________________
2) A vjen Magdalena nga Spanja? Jo, ____________________
3) A jeton Karlosi në Spanjë? Jo, ____________________
4) A është Edlira mësuese? Jo, ____________________
5) A është Klara përkthyese? Jo, ____________________
6) A keni bagazh? Jo, ____________________
7) A ke kohë? Jo, ____________________

Tregoj rreth vetes dhe të tjerëve. Përsheëndetje II — Über sich und andere erzählen – Begrüßungen II — Modul 5

58. a) Ordnen Sie zu.

1) **shesh**	e bukur	1)	*shesh i njohur*
2) shtëpi	e njohur	2)	____________
3) mik	**i njohur**	3)	____________
4) udhërrëfyes	shqiptar	4)	____________
5) mik	shqiptar	5)	____________
6) muzikë	turistik	6)	____________
7) ushqim	austriak	7)	____________

b) Schreiben Sie in der bestimmten Form:

sheshi i njohur, ____________________

____

59. Bilden Sie ganze Sätze mit den obigen Wortgruppen.

1) *Ky është një shesh i njohur. Ky është sheshi i njohur.*
2) __________
3) __________
4) __________
5) __________
6) __________
7) __________

60. Fragen zum Text (Nr. 44 im Lehrbuch). Kreuzen Sie Ihre Antwort an.

	e saktë richtig	**e gabuar** falsch
1) Tomi, Edlira dhe Genti janë në makinë.	☐	☐
2) Ata vijnë nga Tirana.	☐	☐
3) Tomi ka një udhërrëfyes turistik.	☐	☐
4) Tomi: "Ky është me siguri sheshi i njohur 'Nënë Tereza'".	☐	☐
5) Tomi: "Kjo shtëpi tiranase nuk është e bukur."	☐	☐

61. Ordnen Sie zu.

1) Kush është kjo? →	Ja, ai atje është Genti.
2) Kush është ky?	**Kjo është motra, Edlira.**
3) Çfarë është kjo gjë?	Ky është miku nga Austria.
4) Cili është Genti?	Ky është një ushqim tradicional shqiptar.
5) Cila është Edlira?	Kjo është një valixhe.
6) Çfarë është kjo gjë?	Ja, ky këtu.
7) Cili është udhërrëfyesi turistik?	Ja, kjo këtu.
8) Cila është shtëpia karakteristike?	Ajo atje është Edlira.

62. Setzen Sie die fehlenden Wörter ein:

Edlira – sheshi – udhërrëfyesi – dritarja – miku

1) Çfarë është ky?	Ky është __________ i njohur "Skënderbej".
2) Kush është ky?	Ky është __________ austriak.
3) Çfarë është kjo gjë?	Kjo është __________ e hapur.
4) Çfarë është ky?	Ky është __________ turistik.
5) Kush është kjo?	Kjo është __________.

→ Gr. S. 59/5

Ky është një shesh **<u>i njohur</u>**. Das ist ein <u>bekannter</u> Platz. **(Adjektiv)**

Ky është sheshi **<u>i njohur</u>** "Skënderbej". Das ist der <u>bekannte</u> Platz "Skënderbej". **(Adjektiv)**

Sheshi është **<u>i njohur</u>**. Der Platz ist <u>bekannt</u>. **(Adverb)**

63. Bilden Sie Sätze nach dem Beispiel.

shtëpi – e bukur

1) *Kjo është një shtëpi e bukur.*

2) *Ja shtëpia e bukur.*

3) *Kjo shtëpi është e bukur.*

makinë – e shpejtë

1) ______

2) ______

3) ______

dritare – e hapur

1) ______

2) ______

3) ______

aeroport – modern

1) ______

2) ______

3) ______

mik – kosovar

1) ______

2) ______

3) ______

ushqim – i mirë

1) ______

2) ______

3) ______

shok – i mirë

1) ______

2) ______

3) ______

64. Ordnen Sie die folgenden Wortgruppen zu.

origjinë shqiptare; trafik i dendur; shoqe e mirë; mbiemër shqiptar; studim i vështirë; kurs i ri; kurs intensiv; shoqe shqiptare; gjuhë e bukur; kulturë magjepsëse

Adjektive mit Begleitartikel, männl.	**Adjektive mit Begleitartikel, weibl.**
______________________	______________________
______________________	______________________
______________________	______________________

Adjektive ohne Begleitartikel, männl.	**Adjektive ohne Begleitartikel, weibl.**
______________________	______________________
______________________	______________________
______________________	______________________

65. Setzen Sie ein:

i – e – ⦸

__ martuar, __ shqiptar, __ mirë, __ parë, __ beqare, __shqiptare, __ dendur, __ intensiv, __ vështirë

66. Ergänzen Sie die Tabelle.

unbestimmte Form	**bestimmte Form**
(një) origjin**ë**	origjin**a**
	student**i**
(një) jurisprudencë	
	dëshir**a**
	arkitektur**a**
(një) kurs	
	vones**a**
(një) ditë	
(një) trafik	
(një) mësim	
	shoqj**a**

67. **Kreuzen Sie Ihre Antwort an.**

		Po	Jo
1)	Tomi është shqiptar. Ai ka origjinë austriake.	☐	☐
2)	Klara banon në Shqipëri dhe mëson shqip me dëshirë.	☐	☐
3)	Magdalena vjen nga Zvicra dhe është e martuar me një kosovar.	☐	☐
4)	Ky është kursi intensiv *"Shqip në Tiranë"*.	☐	☐
5)	Majlinda vjen nga Pogradeci dhe jeton në Tiranë.	☐	☐

68. **Wer sagt diese Sätze?**

Tomi **Magdalena** **Karlosi** **Majlinda** **Klara**

1) __________ Kultura shqiptare është magjepsëse.

2) __________ Ky është kursi i ri "Shqip në Tiranë".

3) __________ Unë nuk jam e martuar, jam beqare.

4) __________ Kjo është dita e parë në kurs.

5) __________ Shpesh edhe ëndërroj në shqip.

6) __________ Unë jam shumë kureshtare.

7) __________ Gjuha shqipe është shumë e bukur.

8) __________ Tani unë dëgjoj shpesh shqip.

69. **a) Was passt zusammen? Ordnen Sie zu.**

1)	**jurisprudencë** ⟶	**studioj**	**1)**	*jurisprudencë – studioj*
2)	shqip	jam	**2)**	__________
3)	Kosovë	flas	**3)**	__________
4)	unë	quhem	**4)**	__________
5)	Gjuhë e bukur	vij	**5)**	__________

b) Bilden Sie ganze Sätze mit den obigen Wortgruppen.

1) *Tomi studion jurisprudencë.*

2) __________

3) __________

4) __________

5) __________

c) Schreiben Sie weitere Sätze über die AlbanischstudentInnen.

1) __________

2) __________

3) __________

4) __________

5) __________

6) __________

70. Was passt zusammen? Ordnen Sie zu.

gjuhë jam
përkthyese i njohur
e bukur shqip **shtëpi** kosovar
karakteristike e mirë
flas shesh

shtëpi karakteristike

____

____

____

____

____

71. a) Bilden Sie richtige Wörter. Schreiben Sie diese – wie im Beispiel – in der männlichen und weiblichen Form.

1) **angl**	tar	**1)**	anglez – angleze
2) shqip	**ez**	**2)**	______________
3) kanad	ian	**3)**	______________
4) evrop	ez	**4)**	______________
5) japon	an	**5)**	______________
6) gjerm	ez	**6)**	______________

b) Bilden Sie drei Sätze mit den obigen Wörtern.

1) ______________________

2) ______________________

3) ______________________

72. **Audio 6** **Hören Sie. Ergänzen Sie die Tabelle mit den fehlenden Informationen.**

Emri	Mbiemri	Vendlindja	Prejardhja	Gjuha	Profesioni
Alban	*Shkëmbi*	*Shqipëri*	*shqiptar*	*shqip*	*student*
			belg	*gjuha belge*	
		Danimarkë			
			norvegjeze		
				gjuha irlandeze	

73. **Audio 7** **Was hören Sie? Ergänzen Sie die Tabelle.**

Endung *-ez*	Endung *-(i)an*	Endung *-ar*	Andere Endungen
anglez, angleze			

Tregoj rreth vetes dhe të tjerëve. Përsheëndetje II — Über sich und andere erzählen – Begrüßungen II — Modul 8

74. **Setzen Sie die Wörter in die Tabelle ein.**

~~çantë~~ – gomë – lule – shok – mik
dritare – shtëpi – kuti – stilograf – flamur
laps – stol – stilolaps

Unbest. Form, Sg.	Best. Form, Sg.	Unbest. Form, Pl.
(një) çantë	çanta	(disa) çanta
(një)		(disa)
(një)		(disa)
(një)		(disa)
(një)		(disa)
(një)		(disa)
(një)		(disa)
(një)		(disa)
(një)		(disa)
(një)		(disa)
(një)		(disa)
(një)		(disa)
(një)		(disa)

75. **a) Ordnen Sie zu.**

1) **një këngë**	e freskët	**1)**	*një këngë e bukur – disa këngë të bukura*
2) një dritare	e hapur	**2)**	______
3) një mik	i vjetër	**3)**	______
4) një çantë	i verdhë	**4)**	______
5) një lule	**e bukur**	**5)**	______
6) një stol	e lirë	**6)**	______

b) Schreiben Sie Sätze mit den Wortgruppen wie im Beispiel.

1) ______
2) ______
3) ______
4) ______
5) ______
6) ______

76. **Unregelmäßige Formen. Lesen Sie vor.**

1) Ky është një libër i ri. Këta janë disa libra të rinj.
2) Kjo është një çantë e re. Këto janë disa çanta të reja.
3) Ky është një libër i vogël. Këta janë disa libra të vegjël.
4) Kjo është një dritare e vogël. Këto janë disa dritare të vogla.
5) Ky është një shesh i madh. Këta janë disa sheshe të mëdha.
6) Kjo është një çantë e madhe. Këto janë disa çanta të mëdha.
7) Ky është një stol i rehatshëm. Këta janë disa stola të rehatshëm.
8) Kjo është një karrige e rehatshme. Këto jane disa karrige të rehatshme.

77. **Unterstreichen Sie die Pluralformen bei Nr. 76.**
Schreiben Sie die Pluralformen dann hier auf und lernen Sie sie auswendig.

një libër i ri – disa libra të rinj ______

78. **Was sagen die AlbanischstudentInnen über sich? Schreiben Sie Sätze mit dem Verb *jam*.**

79. **Schreiben Sie ganze Sätze.**

mëson – Magdalena – shqip – me dëshirë

Klara – kureshtare – shumë – është

shumë – është – gjuha – e bukur – shqipe

magjepsëse – shqiptare – kultura – është

80. **Welches Wort passt nicht? Streichen Sie es durch.**

1) shtëpi – shesh – dritare

2) Kush? – çfarë? – Alo?

3) Edlira – Rinas – Tomi

4) Tiranë – përkthyese – mësuese

81. **Welches Wort passt? Kreisen Sie es ein.**

1) **makinë:** e shpejtë / e vështirë / e martuar
2) **gjuhë:** e mirë / e bukur / beqare
3) **udhërrëfyes:** kureshtare / turistik / e vështirë
4) **aktor:** e njohur / i njohur / i dendur
5) **këngëtare:** e njohur / turistike / njohur
6) **mësim:** i verdhë / kureshtar / i vështirë
7) **shkrimtar:** e mirë / e vështirë / shqiptar

82. **Schreiben Sie wie im Beispiel.**

~~libra~~ – batanije – jorganë – perde – cd – shtëpi – kafe

1) *disa libra – librat* ______
2) ______
3) ______
4) ______
5) ______
6) ______
7) ______

83. **Schreiben Sie Sätze wie im Beispiel:**

1) *Këtu janë disa libra. Librat janë këtu.* ______
2) ______
3) ______
4) ______
5) ______
6) ______
7) ______

84. **Was befindet sich im Regal? Bilden Sie eigene Sätze mit den angegebenen Wörtern.**

librat e rinj	fletoret e mëdha	lapsat e kuqe	dosjet e vjetra
shkumësat e bardhë	pijet freskuese	gotat plastike	

Në raft gjenden ______

85. **Was befindet sich auf dem Tisch? Bilden Sie eigene Sätze mit den angegebenen Wörtern.**

dosjet e reja	çantat e vogla	gomat e verdha	lulet e bukura
fletët e bardha	librat interesantë	gotat plastike	

Mbi tryezë gjenden ______

86. **Schreiben Sie, wo sich diese Sachen befinden: *në raft* oder *mbi tryezë*?**

1) Ku gjenden lulet e bukura? *Lulet e bukura gjenden mbi tryezë.*

2) Ku gjenden librat interesantë? ______

3) Ku gjenden fletoret e mëdha? ______

4) Ku gjenden dosjet e vjetra? ______

5) Ku gjenden fletët e bardha? ______

87. **Ergänzen Sie die Tabelle wie im Beispiel:**

~~disk me muzikë jazz~~ – paketë me çokollatë – album me fotografi

Çfarë është ky/kjo?	Çfarë kanë Edlira, Tomi dhe Genti?
Ky është *një disk* me muzikë jazz.	Edlira ka *një disk* me muzikë jazz.

88. **Bilden Sie Sätze wie im folgenden Beispiel.**

~~libër~~ – çantë – dhuratë – album – fotografi

1) *Ky është një libër. Këtu kam një libër.*

2) ______

3) ______

4) ______

5) ______

89. **Schreiben Sie die Sätze aus Nr. 88 wie im folgenden Beispiel.**

1) *Këta janë disa libra. Këtu kam disa libra.*

2) ______

3) ______

4) ______

5) ______

90. **Beantworten Sie die Fragen zum Text (Nr. 68 im Lehrbuch).**

1) Ku është Tomi? ______________________________

2) Ku është Genti në orën 11? ______________________________

3) Ku ndodhet kafeneja "Studenti"? ______________________________

91. **Setzen Sie die Wörter ein.**

dhuratën – shok – udhërrëfyes – shokun – dhuratë – udhërrëfyesin

1) Nuk kam një ____________turistik. Sot blej ____________ "AlbaTours".

2) Kam një ____________shqiptar. Unë flas shpesh me ____________shqiptar.

3) Nuk kam një ____________ për prindërit. Sot blej ____________për prindërit.

Substantive, die auf der letzten Silbe betont werden, bilden die Akkusativformen so:		
Nominativ		**Akkusativ**
kafen**e**	→	kafene**në**
shtëp**i**	→	shtëpi**në**
kinem**a**	→	kinema**në**
bab**a**	→	baba**në**
vëll**a**	→	vëlla**në**

➔ **Gr. S. 62-3/2**

92. **Setzen Sie die Wörter in der richtigen Form ein.**

kinema (2x) – shtëpi (2x) – baba – Itali – Shqipëri – vëlla (2x)

1) Kam mall për ____________.

2) Komplimente për ____________. Ajo është shumë e bukur.

3) Jam me Antonin në ____________ "Millennium". Tani fillon filmi.

4) Ai flet çdo ditë me ____________e tij në telefon.

5) Dea mëson anglisht bashkë me ____________.

6) Klara ka mall për ____________.

7) Ne shkojmë shpesh në ____________e re.

8) Çdo ditë pi kafe me ____________.

9) Ata janë të lumtur në ____________e re.

93. **Setzen Sie die Wörter in der richtigen Form ein.**

tryezë – kinema – ~~kafene~~ – raft – kurs – rrugë

1) Jam në **kafenenë** "Studenti". – **Jam** në **kafene**.
2) Jam në ____________ "Shqip në Tiranë". – Jam në ____________.
3) Jam në ____________. – Jam në ____________ "Nënë Tereza".
4) Ndodhem në ____________ "Millennium". – Ndodhem në ____________.
5) Vazoja gjendet mbi ____________– Vazoja gjendet mbi ____________e madhe.
6) Shkumësat gjenden në ____________e ri. – Shkumësat gjenden në ____________.
7) Dosjet ndodhen mbi ____________e lartë. – Dosjet ndodhen mbi ____________.
8) Fletët e bardha janë nën ____________. – Fletët e bardha janë nën ____________e madhe.

94. **a) Lesen Sie. Spielen Sie anschließend die Dialoge zu zweit nach.**

1)
- ● Ku je tani?
- ■ Jam në shtëpi. Po ti?
- ● Unë jam në kinema me Edin dhe me Suelën. Eja edhe ti! Filmi fillon në orën 20.00.

2)
- ● Ku je tani?
- ■ Jam në qendër. A ke kohë për një shëtitje?
- ● Më vjen keq, nuk kam kohë. Tani jam në shkollë.

b) Variieren Sie die Situationen weiter.

në kurs – në teatër – në dyqan – në punë – në Prishtinë – në aeroport

Familja dhe farefisi. Koha e lirë dhe hobi — Familie und Verwandte. Freizeit und Hobby — Modul 11

95. **Audio 5** **Hören Sie. Wer sagt was? Kreuzen Sie an.**

	nip	motër	vëlla	gjysh	gjyshe	mbesë
Klara	☐	☒	☐	☐	☐	☐
Tomi	☐	☐	☐	☐	☐	☐
Karlosi	☐	☐	☐	☐	☐	☐
Magdalena	☐	☐	☐	☐	☐	☐
Xhejmsi	☐	☐	☐	☐	☐	☐

96. **Schreiben Sie die Lösungen aus Nr. 95 in ganzen Sätzen.**

____

____

____

____

____

97. **Ordnen Sie zu.**

1) **gjy** →	tër	**1)**	*gjyshe*
2) mo	**she**	**2)**	
3) da	llë	**3)**	
4) ha	jë	**4)**	
5) xha	ba	**5)**	
6) vë	në	**6)**	
7) në	xha	**7)**	
8) ba	lla	**8)**	

98. **Familie und Verwandte. Ergänzen Sie die fehlenden Wörter.**

männlich	**weiblich**
baba	nënë
	gjyshe
vëlla	
xhaxha	
	mbesë
	kushërirë
kunat	
bashkëshort	

99. **Ergänzen Sie die Formen der Possessivpronomen anhand der Texte im Modul 12.**

männlich **vëllai**	**weiblich** **motra**
im	ime
yt	
	e tij
i saj	
ynë	
juaj	
	e tyre
i tyre	

➔ **Gr. S. 64/5**

100. Setzen Sie die Possessivpronomen ein. Arbeiten Sie mit der Tabelle von Nr. 99.

1)	Kjo është nëna *ime*.	**(unë)**	**2)**	A është ky vëllai _______.	**(ajo)**
3)	Ja, kjo këtu është fletorja _______.	**(ti)**	**4)**	Ky është Ermali. Motra _____ quhet Mimoza.	**(ai)**
5)	Xhaxhai _______ quhet Agim.	**(ai)**	**6)**	Kjo është gjyshja _______. Ajo është e lumtur.	**(ajo)**
7)	A është ky libri _______?	**(ti)**	**8)**	Ky është fjalori _______.	**(unë)**

101. Setzen Sie die Possessivpronomen ein. Arbeiten Sie mit der Tabelle von Nr. 99.

1) Kjo është halla ________. Ajo është 65 vjeçe. Tani është në pension. **(ne)**

2) Vajza ________ është nxënëse e shkëlqyer. Ajo është e zgjuar dhe e zellshme. **(ju)**

3) Ata janë fqinjët e rinj. Shtëpia ________ është e re. **(ata, ato)**

4) Ai është xhaxhai ________. Xhaxhai është piktor.. **(ne)**

5) Shkolla ________ është larg. **(ne)**

6) Djali ________ është sportist i mirë. **(ju)**

102. a) Setzen Sie die Possessivpronomen in der passenden Form ein.

1) Mësuesja ________ quhet Majlinda. **(ata, ato)**

2) Ku janë vëllai ________ dhe motra ________? **(ti) 2x**

3) A është kjo mësuesja ________? **(ju)**

4) Kolegu ________ është i zoti. **(ajo)**

5) Dea dhe Edlira janë përkthyese. Profesioni ________ është i bukur. **(ato)**

6) Ajo është tezja ________. **(unë)**

b) Bilden Sie weitere Sätze mit Possessivpronomen.

____

____

____

____

103. **Audio 8** **a) Hören Sie die Sätze und ordnen Sie zu.**

1) gazetare (Emi)	luaj bilardo me shokë
2) shofer (Antoni)	shëtis në park ose lexoj një libër
3) sekretare (Anila)	**luaj në kitarë**

b) Schreiben Sie richtige Sätze nach dem Beispiel.

1) *Emi është gazetare. Në kohën e lirë ajo luan në kitarë.*

2) ______________________________

3) ______________________________

104. **Audio 9** **Hören Sie die Interviews und ergänzen Sie die fehlenden Wörter. Bilden Sie ganze Sätze.**

1) dembel – luan – lexon	**2) kureshtare – mjeke – merret me sport**
Ai nuk ________ shpesh futboll.	Ajo është Elsa. Elsa është ________.
Ai është ___________.	Ajo është ___________.
Ai ___________ me dëshirë.	Ajo ___________ me dëshirë.

1) Ai thotë:

për – nuk – unë – shumë – kam – e mi – kohë – shokët

____

2) Ajo thotë:

ha – me kujdes – vrapoj – unë – ditë – çdo – dhe

____

105. **Setzen Sie die fehlenden Wörter ein.**

prindërit – xhaxhai – kunata – vëllai – kushëriri – mbesa – gjyshja

Unë quhem Majlinda. Familja ime është e madhe. Unë jetoj në Tiranë. Shumë persona nga familja ime janë larg. __________ e mi jetojnë në Pogradec. Ata vijnë shpesh në Tiranë për vizitë. __________ im punon dhe jeton në Shkodër. Ai është i martuar. __________ ime është nga Shkodra. Ata kanë një vajzë. __________ ime quhet Mimoza.

__________ ime jeton te xhaxhai në Pogradec. __________ im ka një djalë. __________ im është 10 vjeç dhe shkon në shkollë. Ai merret me sport dhe është nxënës i shkëlqyer.

106. Setzen Sie das passende Possessivpronomen ein.

e mi – e tij – e mia – e saj – e tua – e saja – e tu – e tija

1) Artani shkon në shkollë. Notat ________ janë të mira.
2) Nina ka tre fëmijë. Fëmijët ________ janë të vegjël.
3) Unë jetoj vetëm. Prindërit ________ jetojnë në Shkup.
4) Ajo është 20 vjeçe. Dëshirat ________ janë të shumta.
5) Ti ke shkruar shumë libra. Librat ________ janë interesantë.
6) Ti ke shumë shoqe. Shoqet ________ janë inteligjente.
7) Motrat ________ janë të martuara.
8) Vëllezërit ________ janë të rinj dhe akoma beqarë.

107. Lesen Sie die folgenden Dialoge vor.

1)
- ● Ne kemi një vajzë dhe dy djem. **Fëmijët tanë** jetojnë në Itali. Vajza është e martuar me një italian dhe kanë dy vajza.**Vajzat e tyre** janë dy vjeçe dhe një vjeçe.
- ▪ Po **djemtë tuaj**, a janë të martuar?
- ● Djali i madh është i fejuar. Djali i vogël është beqar. Ai është student.

2)
- ● Ne jemi çift i ri. Nuk kemi akoma fëmijë. **Nënat tona** dëshirojnë një nip e një mbesë.
- ▪ Po **baballarët tuaj**, çfarë thonë?
- ● Baballarët dëshirojnë gjithashtu një nip dhe një mbesë. Ne punojmë shumë, por edhe udhëtojmë shumë. Në verë bëjmë gjithmonë një muaj plazh. Jetojmë dhe punojmë në Shqipëri. Këtu jemi të lumtur.

108. Vervollständigen Sie die Sätze.

Fëmijët **e tyre** janë në:	☐ Shqipëri	☐ Itali	☐ Spanjë
Mbesat **e tyre** janë:	☐ 2 vjeçe	☐ 1 vjeçe	☐ në shkollë
Nënat **e tyre** dëshirojnë:	☐ një muaj plazh	☐ të udhëtojnë	☐ nip dhe mbesë
Puna **e tyre** është në:	☐ Itali	☐ plazh	☐ Shqipëri

Possessive mit Nomen im Plural Nominativ		
männlich		**weiblich**
fëmijët **tanë**	→	nënat **tona**
baballarët **tuaj**	→	nënat **tuaja**
fëmijët **e tyre**	→	vajzat **e tyre**

→ Gr. S. 65

109. Setzen Sie die Possessivpronomen in der passenden Form ein.

1)	Librat ________ gjenden këtu.	**(unë)**	**2)**	Prindërit ________ janë në pension.	**(ti)**
3)	Gotat ________ janë elegante.	**(ajo)**	**4)**	Motrat ________ punojnë shumë.	**(ju)**
5)	A është kjo motra ________?	**(ti)**	**6)**	Shokët ________ janë përtacë.	**(ai)**
7)	Lulet ________ ndodhen në vazo.	**(unë)**	**8)**	A është ky babai ________?	**(ti)**
9)	Vëllezërit ________ janë binjakë.	**(ne)**	**10)**	Kolegët ________ janë në punë.	**(ata, ato)**
11)	Adresa ________ është Lagjia: "Skënderbej", Rruga: "Naim Frashëri".	**(ajo)**	**12)**	Fotografitë ________ gjenden këtu.	**(ajo)**
13)	Çantat ________ janë moderne.	**(ti)**	**14)**	Celulari ________ është i shtrenjtë.	**(unë)**
15)	Librat ________ gjenden nën tryezë.	**(ju)**	**16)**	Fotografitë ________ gjenden në sirtar.	**(ai)**
17)	Prindërit ________ janë mësues.	**(ajo)**	**18)**	Librat ________ janë të rinj.	**(ne)**
19)	A është sot këtu motra ________?	**(ai)**	**20)**	Fletoret ________ janë të vjetra.	**(ata, ato)**

110. Audio 12 **a) Wer sagt was? Kreuzen Sie an.**

		Personi 1	Personi 2	Personi 3
1)	Unë kam dy vëllezër.	☐	☐	☐
2)	Unë kam tri shoqe të mira.	☐	☐	☐
3)	Hobet e saja janë të shtrenjta.	☐	☐	☐
4)	Vëllezërit e mi janë të rinj.	☐	☐	☐
5)	Unë kam një motër.	☐	☐	☐
6)	Ajo luan tenis dhe në piano.	☐	☐	☐
7)	Shoqet e mia janë në Amerikë.	☐	☐	☐

b) Schreiben Sie die obigen Lösungen in ganzen Sätzen.

Personi i parë: ____

Personi i dytë: ____

Personi i tretë: ____

111. **Audio 13** **Hören Sie und ergänzen Sie die fehlenden Informationen.**

1) Shoqja ime e ngushtë:		2) Shoku im i ngushtë:	
Emri:	______	**Emri:**	______
Profesioni:	______	**Profesioni:**	______
Hobi:	______	**Hobi:**	______

112. **Schreiben Sie über sich und Ihre Familie (Name, Beruf, Hobby).**

______

______

______

______

______

113. **a) Was passt? Kreuzen Sie an.**

Ajo flet	☐ bukur	☐ i shpejtë	☐ e mirë
Ne jemi	☐ shqiptarë	☐ bukur	☐ keq
Ai ecën	☐ i dendur	☐ e bukur	☐ shpejt
Zana është gjyshe	☐ dashur	☐ e dashur	☐ mirë

b) Bilden Sie aus den Lösungen ganze Sätze.

______

______

______

______

c) Beschreiben Sie einen Verwandten.

______

______

______

______

______

______

114. Fragen zum Text (Nr. 76 im Lehrbuch).

a) Kreuzen Sie die richtige Antwort an.

1)	Tomi po gatuan	☐ makarona	☐ patate	☐ kotëleta
2)	Kotëleta është shumë	☐ e shijshme	☐ e fortë	☐ e vjëter
3)	Tomi dhe Genti janë në	☐ kurs	☐ kuzhinë	☐ restorant
4)	Edlira dëshiron të	☐ gatuajë	☐ ndihmojë	☐ bëjë sport
5)	Tomi gatuan për	☐ Edlirën	☐ kursin	☐ familjen
6)	Në kurs flasin për	☐ sportin	☐ Vjenën	☐ kuzhinën dhe ushqimet

b) Schreiben Sie ganze Sätze.

1) ____________________

2) ____________________

3) ____________________

4) ____________________

5) ____________________

6) ____________________

115. Ergänzen Sie die Tabelle.

	Modalverb müssen/können/mögen im Konj. II	**gatuaj** kochen	**pastroj** putzen	**sistemoj** ordnen
unë	duhet / mund / dëshiroj	të gatuaj	të pastroj	
ti	duhet / mund / dëshiron	të gatuash		të sistemosh
ai, ajo	duhet / mund / dëshiron	të gatuajë	të pastrojë	
ne	duhet / mund / dëshirojmë	të gatuajmë		të sistemojmë
ju	duhet / mund / dëshironi	të gatuani		të sistemoni
ata, ato	duhet / mund / dëshirojnë	të gatuajnë	të pastrojnë	

116. Bilden Sie mit den folgenden Verben Sätze im Konjunktiv.

gatuaj – pastroj – sistemoj

1) ____________________

2) ____________________

3) ____________________

117. Setzen Sie ein.

të gatuajë – të sistemojë – të provojë – të pastrojë – të shpejtoj – të tregojë

1) Genti dëshiron ____________ kotëletën vjeneze.
2) Në kurs mund ____________ secili student për një ushqim tipik nga vendlindja.
3) Tomi duhet ____________ dhe ____________ kuzhinën.
4) Shoqet e mia janë këtu. Unë duhet ____________.
5) Tomi ka dëshirë ____________ për kursin kotëletën vjeneze.

118. Schreiben Sie die Sätze richtig.

1) **duhet – edhe – punoj – në fundjavë – unë – të**

____

2) **bashkë – mund – shkojmë – në supermarket – ne – të**

____

3) **dëshiron – ajo – shoqet – sport – bëjë – të – me**

____

4) **të – dëshirojnë – për kolegen – ato – blejnë – një dhuratë**

____

5) **shpejt – nuk – mund – lexoj – të**

____

119. Audio 2 a) Hören Sie, was die Personen sagen. Was machen sie am Wochenende?

	pastroj	shëtis	bëj sport	lexoj libër	shkoj në kinema	gatuaj
Personi 1:	☐	☐	☐	☐	☐	☐
Personi 2:	☐	☐	☐	☐	☐	☐
Personi 3:	☐	☐	☐	☐	☐	☐

b) Schreiben Sie die Informationen in ganzen Sätzen.

Personi 1: ____

Personi 2: ____

Personi 3: ____

120. Was passt zusammen? Verbinden Sie.

1) **Tapas** →	Angli
2) Makarona	Shqipëri
3) Knëdeli	**Spanjë**
4) Flija	Turqi
5) Dëner Kebapi	Kosovë
6) Çaji me qumësht	Austri
7) Fërgesa tiranase	Kinë
8) Ruladë e mbushur	Itali

121. a) Schreiben Sie Sätze mit den Informationen aus Nr. 120.

1) Tapas *Tapas është ushqim spanjoll.*
2) Makaronat ______
3) Flija ______
4) Çaji me qumësht ______
5) Dëner Kebapi ______
6) Fërgesa tiranase ______
7) Knëdeli ______
8) Rulada e mbushur ______

b) Bilden Sie ähnliche Sätze.

______

______

______

______

122. Fragen zu den Texten 80 und 81 im Lehrbuch.

1) Ku janë studentët sot? ______
2) Çfarë bëjnë studentët në treg? ______
3) Ku janë Klara dhe Karlosi? ______
4) Ku janë Tomi dhe Magdalena? ______
5) Çfarë sheh Xhejmsi? ______
6) Çfarë janë sufllaqet? ______
7) Sa kushtojnë të gjitha ushqimet? ______

123. a) Kreuzen Sie die richtige Antwort an.

1)	Genti ka ditëlindjen. Dua të blej një libër pë	☐ ty	☐ atë	☐ mua
2)	Unë jam në oborr me fëmijët. Fëmijët luajnë me	☐ mua	☐ ai	☐ unë
3)	Genti ka ditëlindjen. Ai dëshiron të festojë me	☐ ai	☐ ajo	☐ ne
4)	Kam një dhuratë për	☐ ty	☐ ajo	☐ unë
5)	Edlira dhe Genti shkojnë në kinema. Edhe Tomi shkon me	☐ ty	☐ ata	☐ mua
6)	Vajzat kanë uri. Majlinda blen sufllaqe për	☐ ata	☐ ato	☐ mua
7)	A shkoni nesër në treg? A mund të vij edhe unë me	☐ ty	☐ ju	☐ ne

Edlira dhe Blerta	=	**ato**
Tomi dhe Genti	=	**ata**
Edlira dhe Genti	=	**ata**

b) Schreiben Sie die obigen Lösungen in ganzen Sätzen.

1) ____________________

2) ____________________

3) ____________________

4) ____________________

5) ____________________

6) ____________________

7) ____________________

Shënime / Notizen:

124. Setzen Sie die Personalpronomen in der richtigen Form ein.

1)	Të lutem, eja sot me ______.	(unë)
2)	Me ______flas gjithmonë shqip.	(ju)
3)	Antoni është kolegu im. Unë punoj me ______.	(ai)
4)	U bëfsh 100 vjeçe! Kam një dhuratë për ______.	(ti)
5)	Vëllezërit e mi janë sportistë. Unë bëj shpesh sport me ______.	(ata)
6)	Kjo është Klara. Me ______ telefonoj çdo ditë.	(ajo)
7)	Ne kemi uri. A mund të gatuash diçka për ______?	(ne)
8)	Me ______ jam e lumtur. Të dua shumë.	(ti)
9)	Këta janë Eliza dhe Tomi. Me ______ mësoj shqip.	(ata)
10)	Po shkoni në treg? A mund të bleni diçka për ______?	(unë)
11)	Eliza është studente. Unë studioj me ______.	(ajo)
12)	Shoqet e mia shkojnë sonte në kinema. Dëshiroj të shkoj me ______.	(ato)
13)	Ai është Genti. Me ______ jemi shokë.	(ai)
14)	Këto janë Magdalena dhe Klara. Me ______ shëtis shpesh.	(ato)

In der Umgangssprache werden auch die kurzen Formen verwendet:	për atë = për të	për ato = për to	për ata = për ta

➔ **Gr. S. 67**

125. Audio 7 Hören Sie und ergänzen Sie die Tabelle.

mollë – spec – kek – gjizë – dardhë – djathë – portokall
bozë – patëllxhan – pjeshkë – spinaq – akullore – banane – gjalpë
krem – karamel – qumësht – buding – domate – patate – bakllava

Fruta	Perime	Bulmet	Ëmbëlsira

➔ **Gr. S. 69/5**

ha (essen)				pi (trinken)			
unë	ha	**ne**	hamë	**unë**	pi	**ne**	pimë
ti	ha	**ju**	hani	**ti**	pi	**ju**	pini
ai/ajo	ha	**ata,ato**	hanë	**ai/ajo**	pi	**ata,ato**	pinë

126. **Audio 8** **Hören Sie. Finden Sie heraus, was diese Personen essen.**

(1) personi 1 – (2) personi 2 – (3) personi 3 – (4) personi 4

Në mëngjes – Zum Frühstück

_____ pi veç një kafe.

_____ pi një kafe me qumësht dhe ha një rriskë bukë të thekur me mjaltë.

_____ pi një lëng portokalli të freskët dhe ha një vezë të zier me domate dhe ullinj.

_____ ha patjetër djathë, gjithashtu një vezë të skuqur si dhe pi një gotë qumësht pa sheqer.

Në drekë – Zu Mittag

_____ ha një sallatë mikse me kotëletë dhe garniturë oriz ose patate të ziera.

_____ ha spageti me perime dhe një sallatë të freskët me kos dhe trangull.

_____ ha një sallatë dhe një çokollatë me drithëra, gjithashtu pi shumë lëngje, kryesisht çaj të gjelbër.

_____ ha një supë me mish dhe një sallatë.

Në darkë – Zu Abend

_____ ha kos natyral dhe një sallatë frutash.

_____ ha një picë, një sallatë dhe pi një gotë koka-kola.

_____ ha një rriskë të thekur me speca të kuq dhe proshutë viçi.

_____ ha supë me perime dhe pi një çaj me lule kamomili.

127. **Schreiben Sie in ganzen Sätzen, was die Personen bei Nr. 126 am Tag essen.**

____

____

____

____

128. **Arbeiten Sie mit einem Partner.**

Çfarë ha / hani në mëngjes, në drekë dhe në darkë?

____

____

____

____

129. **a) Im Restaurant. Lesen Sie und spielen Sie Rollenspiele.**

♦ Mirëdita! Ju lutem, a mund të porosisim?

■ Mirëdita! Po, me kënaqësi. Çfarë urdhëroni?

● Unë dëshiroj një koka-kola dhe patate të skuqura.

♦ Oh, jo! Koka-kola nuk është aspak e shëndetshme! Më mirë një lëng portokalli.

● Oh, mami, gjithmonë lëng portokalli.

♦ Atëherë një lëng molle.

● Në rregull! Ju lutem një lëng molle, një kotëletë pule me garniturë patate të skuqura.

♦ Për mua të njëjtën gjë, por ju lutem me garniturë patate të ziera.

■ Patjetër. Nuk vonojnë shumë.

♦ Faleminderit!

b) Was bestellen sie?

Zum Essen: ____

Zum Trinken: ____

130. **Audio 9** **Wer sagt diese Sätze? Kreuzen Sie an. Gleichen Sie danach mit dem Audio ab.**

	klientja	kamarieri
1) Ju lutem faturën!	☐	☐
2) Të gjitha kushtojnë 1800 lekë.	☐	☐
3) Çfarë urdhëroni?	☐	☐
4) Për mua një ujë mineral, ju lutem.	☐	☐
5) Mish viçi mo oriz dhe një sallatë mikse?	☐	☐
6) Sot paguaj unë.	☐	☐
7) Këtu, ju lutem!	☐	☐

131. Schreiben Sie ganze Sätze mit den gegebenen Wörtern.

1) Çfarë dëshiron të blejë Edlira për Gentin?

një këmishë – ose – një disk – një libër – me muzikë

____

2) Çfarë preferon Genti?

stilin – Genti – sportiv – preferon

____

3) Ku janë Edlira dhe Tomi?

dhe – Edlira – në – janë – Tomi – dyqanin e rrobave

____

132. Was sehen Edlira und Tom alles im Geschäft? Ordnen Sie zu und schreiben Sie ganze Sätze.

1) **koleksionin**	e kuq	**1)**	*Edlira dhe Tomi shohin* ***koleksionin e ri.***
2) këmishën	elegante	**2)**	______________
3) kapelën	**e ri**	**3)**	______________
4) disa këmisha	e bardhë	**4)**	______________
5) fustanin	e gjelbër	**5)**	______________

133. Schreiben Sie in der bestimmten Form.

1) Kjo është kapelja e kuqe. Unë blej kapelën e kuqe. **(e kuqe)**

2) Ky është koleksioni _________. Unë shoh koleksionin _________. **(i ri)**

3) Ai është shoku _________. Unë takoj shokun _________. **(shqiptar)**

4) Këto janë çizmet _________. Unë blej çizmet _________. **(e reja)**

5) Ajo është kolegia _________. Unë pi kafe me kolegen _________. **(amerikane)**

134. Schreiben Sie die obigen Sätze in der unbestimmten Form.

1) *Kjo është një kapelë e kuqe. Unë blej një kapelë të kuqe.* ______________

2) ______________________________

3) ______________________________

4) ______________________________

5) ______________________________

Achtung!

Der Gelenkartikel der Adjektive wechselt in der unbestimmten Form, Plural auf **të**.

135. Was kaufen Edlira und Tom? Ergänzen Sie die Tabelle und schreiben Sie unten einige Sätze dazu.

Akkusativ, best. Form	Akkusativ, unbest. Form
lulet e freskëta	disa lule të freskëta
vazon e madhe	
këmishën e freskët	
kapelën blu	
gjizën e freskët	
tortën dykatëshe	

____

____

____

____

____

____

____

136. Audio 13 **Hören Sie und ergänzen Sie die Tabelle.**

Singular		Plural	
männlich	**weiblich**	**männlich**	**weiblich**
i bardhë			të bardha
	e verdhë		të verdha
	e gjelbër	të gjelbër	
i kuq			të kuqe
	e zezë	të zinj	
blu			blu
	ngjyrë kafe	ngjyrë kafe	
ngjyrë lile		ngjyrë lile	
______________ **ose**: portokalli	ngjyrë portokalle **ose**: portokalle	______________ **ose**: portokallinj	ngjyrë portokalle **ose**: portokalle

137. Setzen Sie in der richtigen Form ein. Schreiben Sie einige Sätze dazu.

1) Makina është ______________. Makinat janë ______________. **(kuq)**
2) Libri është ______________. Librat janë ______________. **(ri)**
3) Molla është ______________. Mollat janë ______________. **(jeshile)**
4) Fustani është ______________. Fustanet janë ______________. **(gjelbër)**
5) Tryeza është ______________. Tryezat janë ______________. **(zi)**

6) ____

7) ____

138. Was hat Gent zum Geburtstag bekommen?
Erstellen Sie eine Liste und schreiben Sie dann ganze Sätze.

____
____
____
____
____
____
____

____
____
____
____
____

139. Setzen Sie ein.

kërkesë – interesante – qira – qiranë – ofertat

njoftime – metra – katrorë – banon

1) Klara ka një ide ________________.

2) Ajo dëshiron të kërkojmë një banesë të përbashkët me ________________.

3) Magdalena ________________ me bashkëshortin e saj.

4) Ne kërkojmë një banesë me sipërfaqe 80 ________________ ________________.

5) Në gazeta mund të lexojmë ________________ aktuale.

6) ________________ e ndajmë në pesë pjesë.

7) Në internet nuk ka shumë ________________.

8) Ne shkruajmë një ________________ në një *chat room* shqiptar.

140. Setzen Sie die Kurzformen im Akkusativ ein: të, më, e, e

➔ Gr. S. 69/1

Nominativ	Akkusativ	
unë	mua	
ti	ty	
ai	atë	
ajo	atë	

141. Ergänzen Sie die fehlenden Pronomen in der richtigen Form.

1) Motra _____ telefonon çdo ditë. **(unë)**
2) Genti _____ ndihmon Tomin për banesën. **(ai)**
3) Ne _____ ndajmë qiranë në pesë pjesë. **(ajo)**
4) _____ njoh këtë gazetë shqiptare. **(ajo)**
5) Fqinjtë _____ përshëndesin çdo ditë. **(unë)**
6) Unë _____ shoh Edlirën shpesh në treg. **(ajo)**
7) Vera _____ lexon një libër me përralla. **(ti)**

142. Ergänzen Sie die fehlenden Pronomen in der richtigen Form.

1) Kushërira ime më takon ____________ në rrugë dhe jo kolegen time. **(unë)**
2) Kolegët të njohin ____________ që në vitin 1999, kurse ____________ që sivjet. **(ti, unë)**
3) Ku është Eva? Ne e kërkojmë ____________ kudo. **(ajo)**
4) Ky në fotografi është Ardit Gjebrea. E njeh ____________? **(ai)**
5) Erën e njoh shumë mirë. ____________ e takoj shpesh për kafe. **(ajo)**
6) Çdo ditë të telefonoj vetëm ____________. **(ti)**
7) Fatmirën e kam fqinje. ____________ e shoh shpesh në treg. **(ajo)**

143. Schreiben Sie die Sätze aus Nr. 141 in verneinte Sätze um.

Shembull – Beispiel: Motra **nuk** më telefonon çdo ditë.

1) ______________________________

2) ______________________________

3) ______________________________

4) ______________________________

5) ______________________________

6) ______________________________

144. Fragen zum Text 90 im Lehrbuch.

1) **Kush e ndihmon grupin të gjejë një banesë me qira?**

____

2) **Çfarë sjell Majlinda në klasë?**

____

3) **Përse i sjell Majlinda gazetat në klasë?**

____

4) **Kush i kërkon ofertat në internet?**

____

5) **Cilën gazetë preferon Majlinda?**

____

145. Schreiben Sie einige Sätze zum Thema Wohnungssuche.

____

____

____

____

146. Tragen Sie die Kurzformen im Akkusativ ein: na, ju, i, i

➔ Gr. S. 69/1

Nominativ	Akkusativ	
ne	ne	
ju	ju	
ata	ata	
ato	ato	

147. Ergänzen Sie die fehlenden Pronomen in der richtigen Form.

1) Vëllai _____ telefonon çdo ditë. **(ne)**
2) Majlinda _____ ndihmon studentët të gjejnë një shtëpi me qira. **(ata)**
3) Ne _____ njohim. Ju jeni Edlira dhe Genti. **(ju)**
4) Unë _____ takoj shpesh në treg. **(ato)**
5) Fqinjtë _____ përshëndesin çdo ditë. **(ne)**

Banesa. Kërkoj një banesë — Wohnen, Wohnungssuche — Modul 18

148. Verschiedene Wohnsituationen und -wünsche. Lesen Sie die Texte.

Prindërit e mi jetojnë në një shtëpi private në periferi. Unë preferoj jetën aktive në qytet. Mund të jetoj shumë mirë edhe në pallat. Nuk dëshiroj patjetër një shtëpi private.

Prindërit e mi kanë një shtëpi të madhe private. Vitin tjetër dua të kërkoj një banesë me qira. Tani unë jam 22 vjeç dhe dëshiroj të bëj jetën time. Natyrisht tani duhet të kursej më shumë.

149. Ordnen Sie sinngemäß zu.

1) Vesa është	më shumë	se jetën e qetë në periferi.
2) Kopshti është	më i/e lartë, më shumë	se Vesa.
3) Pallati është	më i madh	se Arsimi.
4) Arsimi kursen tani	më i/e vogël	se oborri.
5) Ai preferon jetën aktive	më e madhe	se shtëpia private

150. Bilden Sie aus Nr. 149 ganze Sätze.

1) ______________________________

2) ______________________________

3) ______________________________

4) ______________________________

5) ______________________________

151. Schreiben Sie Sätze wie im Beispiel:

***Shembull*: Tryeza është *<u>më e vjetër se</u>* karrigia.**

____

1) **Vesa është më e madhe se Arsimi.**

____

2) **Ajo ha gjithmonë më pak se vëllai i saj.**

____

3) **Ai shkruan më mirë se unë.**

____

4) **Kolltuku është më i rehatshëm se karrigia.**

____

Shënime / Notizen:

____

____

____

____

152. **a) Lesen Sie die Wohnungsanzeigen.**

A)

Shitet ose jepet me qira një lokal luksoz i kompletuar me paisje bashkëkohore dhe cilësore. Për Pub, restorant ose për aktivitete të ndryshme. Sipërfaqe totale 560 m^2 ose i ndarë në 200 m^2 dhe 360 m^2.

Mob.: 068205 223 5

B)

Jepet një dyqan me qira, te Tregu Çam. Sip. 30 m^2. I rregulluar, i përshtatshëm për aktivitete të ndryshme tregtare.

Qiraja: 500 euro në muaj

Nr. tel.: 223 98 66

C)

Durrës – Tek ish-kampi i rinisë jepet me qira një apartament 1+1, sip. 50 m^2, kati i dytë, ballkon 4 m^2.

Hyrja është e rregulluar dhe e mobiluar. Zonë e qetë.

400 euro në muaj.

Çmimi i diskutueshëm.

Tel: 06822 65991

Ç)

Jepet me qira një vilë dykatëshe. Kati i parë sip. 120 m^2 për aktivitete të ndryshme. Kati i dytë 4+1, sallon i madh, i përshtatshëm për banim dhe aktivitete të ndryshme. Për banim 300 euro, për aktivitete të ndryshme 400 Euro

b) Lesen Sie die Beschreibungen und ordnen Sie diese den obigen Anzeigen zu. Zwei Sätze passen nicht.

- ☐ Jetoni vetëm dhe kërkoni një garsonierë. Nuk keni mobilje.
- ☐ Jeni përkthyes. Kërkoni një zyrë të vogël për përkthime.
- ☐ Kërkoni një shtëpi me qira për dy javë në bregdet.
- ☐ Studentët kërkojnë një banesë të përbashkët. Janë katër persona dhe kërkojnë një apartament me qira të leverdishme.
- ☐ Jeni student në Tiranë dhe kërkoni një garsonierë – rreth 30 m^2, qiraja është e leverdishme.
- ☐ Dëshironi të hapni një restorant të madh familjar, në verë edhe për dasma.

153. **Audio 4** **Hören Sie und kreuzen Sie das Richtige an.**

1)
- ☐ Korridori është i gjërë dhe me dritë.
- ☐ Korridori është i ngushtë.
- ☐ Dritarja është e vogël.

2)
- ☐ Kuzhina është e vjetër.
- ☐ Kuzhina ka mobilie të reja.
- ☐ Kuzhina është e rinovuar.

3)
- ☐ Banesa nuk ka ngrohje.
- ☐ Banesa ka ngrohje qendrore.
- ☐ Banesa ka ngrohje me gaz.

154. Beschreiben Sie Ihr Traumhaus.

____

____

____

____

155. Setzen Sie *ta* oder *t'i* ein:

1)
- ● A mund ____ marr sot pasdite librat në shtëpi?
- ▪ Patjetër, mund të ____ jap për tre-katër ditë.
- ● Ah, shumë mirë. Pra mund ____ mbaj edhe në fundjavë. Faleminderit!
- ▪ Kjo më ndihmon shumë.

2)
- ● Bën korrent. Dritarja dhe dera janë të hapura. A mund ____ mbyll derën?
- ▪ Po, ke të drejtë. Të lutem, mbylle derën.

156. Spielen Sie Dialoge wie bei Nr. 155.

1)
- ♦ A ke kohë për një akullore?
- ● Jam me motrën time.

2)
- ♦ A vjen në koncert me ne?
- ● Jam me kushëririn tim.

157. Lesen Sie und lernen Sie die Verben der 2. Konjugation auswendig.

Personalpronomen	**shoh** sehen	**marr** nehmen	**flas** sprechen
unë	shoh	marr	flas
ti	sheh	merr	flet
ai, ajo	sheh	merr	flet
ne	shohim	marrim	flasim
ju	shihni	merrni	flisni
ata, ato	shohin	marrin	flasin

Genauso:

njoh (kennen) **nxjerr** (herausnehmen) **trokas** (klopfen)

➔ Gr. S. 71/4

158. Setzen Sie die Verben in der richtigen Form ein:

marr – shoh – flas – trokas – njoh – nxjerr

1) Unë __________ me motrën time në telefon.
2) Zogu __________ në dritare.
3) A e __________ ti djalin tënd me vete ne restorant?
4) Tomi __________ mirë shqip.
5) A e __________ ti Blertën?
6) Fëmijët __________ librat nga çantat.
7) Blerta __________ një shtëpi me qira.
8) Tomi e Genti __________ disa shtëpi me qira.
9) Nëna __________ tavën nga furra.
10) Ju __________ shpesh në telefon me prindërit.
11) Genti dhe Edlira __________ çdo ditë në telefon.
12) Studentët vijnë me vonesë dhe __________ në derë.

159. a) Fragen zum Text 98. Kreuzen Sie die richtige Antwort an.

1) Në festë ftoj	☐ mikun tim Gentin	☐ Blertën	☐ Blertën dhe nënën e saj
2) Unë ftoj në festë	☐ Gentin dhe hallën e tij	☐ miken time polake	☐ komshinë
3) Ne ftojmë në festë	☐ Manjolën	☐ mësuesen tonë	☐ mësuesen e saj
4) Gjithashtu ftojmë	☐ Magdalenën	☐ Magdalenën me bashkëshortin e saj	
5) Klara mund të ftojë	☐ shoqen e saj	☐ nënën e saj	

b) Schreiben Sie ganze Sätze.

1) ____

2) ____

3) ____

4) ____

5) ____

Shënime / Notizen:

____

____

____

160. a) Lesen Sie und lernen Sie die Formen auswendig.

	Besitz im Plural männlich		Besitz im Plural weiblich	
	Possessivpronomen, „Besitz" im Plural			
Personalpronomen	**Nominativ**	**Akkusativ**	**Nominativ**	**Akkusativ**
unë	shokët **e mi**	shokët **e mi**	shoqet **e mia**	shoqet **e mia**
ti	shokët **e tu**	shokët **e tu**	shoqet **e tua**	shoqet **e tua**
ai	shokët **e tij**	shokët **e tij**	shoqet **e tija**	shoqet **e tija**
ajo	shokët **e saj**	shokët **e saj**	shoqet **e saja**	shoqet **e saja**

➔ Gr. S. 71

b) Setzen Sie die Pronomen in der richtigen Form ein.

1) Të prezantoj Artanin dhe Bledin, shokët _______. **(unë)**
2) E shoh Verën çdo ditë me fëmijët _______. **(ajo)**
3) Ai pi shpesh kafe me shokët _______. **(ai)**
4) Nesër Majlinda korrigjon detyrat _______. **(ti)**
5) Notat _______ nuk janë shumë të mira. Duhet të mësojë më shumë. **(ajo)**
6) Unë i njoh kolegët _______ nga një konferencë në Gjakovë. **(ai)**

161. Setzen Sie die Pronomen in der richtigen Form ein.

1) Të prezantoj Artanin e Besnikun, shokët _______. **(ne)**
2) E shoh Verën e Gencin çdo ditë me fëmijët _______. **(ato)**
3) Ata pinë shpesh kafe me shokët _______. **(ata)**
4) Nesër Majlinda korrigjon provimet _______. **(ju)**
5) Notat _______ nuk janë shumë të mira. Duhet të mësoni më shumë. **(ju)**
6) Notat _______ nuk janë shumë të mira. Duhet të mësojnë më shumë. **(ata, ato)**

Shënime / Notizen:

___

___

___

162. **a) Lesen Sie und lernen Sie die Formen auswendig.**

	Besitz im Plural männlich		Besitz im Plural weiblich	
	Possesivpronomen, „Besitz“ im Plural			
Personalpronomen	**Nominativ**	**Akkusativ**	**Nominativ**	**Akkusativ**
ne	shokët **tanë**	shokët **tanë**	shoqet **tona**	shoqet **tona**
ju	shokët **tuaj**	shokët **tuaj**	shoqet **tuaja**	shoqet **tuaja**
ata	shokët **e tyre**	shokët **e tyre**	shoqet **e tyre**	shoqet **e tyre**
ato	shokët **e tyre**	shokët **e tyre**	shoqet **e tyre**	shoqet **e tyre**

➔ Gr. S. 71

b) Setzen Sie die fehlenden Pronomen ein.

1) Këta janë shokët ________. Ne ftojmë në festë shokët ________. **(ne)**

2) Këta janë shokët ________. Ju ftoni në festë shokët ________. **(ju)**

3) Ata janë shokët ________. Ata ftojnë në festë shokët ________. **(ata)**

4) Ata janë miqtë ________. Ata ftojnë në festë miqtë ________. **(ata)**

5) Këto janë shoqet ________. Ne ftojmë në festë shoqet ________. **(ne)**

6) Këto janë shoqet ________. Ju ftoni në festë shoqet ________. **(ju)**

7) Ato janë shoqet ________. Ju i ftoni shoqet ________. **(ju)**

8) Ja ku janë shoqet ________. Ato i ftojnë në festë shoqet e ________. **(ato)**

9) Këto janë shoqet ________. Ato ftojnë në festë shoqet ________. **(ato)**

c) Bilden Sie Sätze nach den obigen Beispielen.

____

____

____

____

____

____

____

163. **a) Ftesë për festë. Lesen Sie, wie man Einladungen beantworten kann.**

So sage ich eine Einladung zu:
Faleminderit për ftesën! Unë vij me kënaqësi!

So sage ich eine Einladung ab:
Fatkeqësisht nuk mund të vij. Për fat të keq nuk kam kohë.

Përgjigjia 1

Të dashur miq!
Faleminderit për ftesën!
Ne vijmë me kënaqësi!
Mirupafshim në banesën tuaj të re.
Deri të shtunën!
Magdalena dhe Elezi

Përgjigjia 2

I dashur Tomi!
Faleminderit për ftesën!
Unë jam në Berlin. Fatkeqësisht nuk mund të vij në festën tuaj.
Kalofshi bukur!
Gjithë të mirat!
Agimi

b) Verfassen Sie die Einladungen für Magdalena und Elez sowie für Agim.

Përmbledhja e gramatikës – Grammatik

Module 1 – 4

1. Das Verb: Konjugation I – Endungen: -j, -n, -n, -jmë, -ni, -jnë

Personalpronomen	**jetoj** leben	**punoj** arbeiten	**studioj** studieren	**lexoj** lesen	**mësoj** lernen
(unë)	jeto-**j**	puno**j**	studio**j**	lexo**j**	mëso**j**
(ti)	jeto-**n**	puno**n**	studio**n**	lexo**n**	mëso**n**
(ai, ajo)	jeto-**n**	puno**n**	studio**n**	lexo**n**	mëso**n**
(ne)	jeto-**jmë**	puno**jmë**	studio**jmë**	lexo**jmë**	mëso**jmë**
(ju)	jeto-**ni**	puno**ni**	studio**ni**	lexo**ni**	mëso**ni**
(ata, ato)	jeto-**jnë**	puno**jnë**	studio**jnë**	lexo**jnë**	mëso**jnë**

1) Das Albanische kennt drei Konjugationsklassen. In den ersten Modulen wird die 1. Konjugation behandelt. Die Verben der 1. Konjugation enden in der 1. Person Präsens auf **-j.** An den Verbstamm werden die folgenden Konjugationsendungen angehängt: **-j**, **-n**, **-n**, **-jmë**, **-ni**, **-jnë**.

2) Die Personalpronomen wurden in Klammern gesetzt, weil sie in der gesprochenen Sprache üblicherweise nicht verwendet werden. Die Bedeutung ergibt sich aus der Endung und dem Kontext.

<u>**Beispiel**</u>: Jetoj në Tiranë. Nicht unbedingt: Unë jetoj në Tiranë.

3) Das Personalpronomen wird verwendet, um die gemeinte Person besonders zu betonen oder Missverständnisse zu vermeiden.

<u>**Beispiel**</u>: Unë jetoj në Tiranë, jo ti. – Ich lebe in Tirana, nicht du.

2 Unregelmäßige Verben

Personalpronomen	**jam** sein	**kam** haben	**vij** kommen	**quhem** heißen	**flas** sprechen
(unë)	jam	kam	vij	quhem	flas
(ti)	je	ke	vjen	quhesh	flet
(ai, ajo)	është	ka	vjen	quhet	flet
(ne)	jemi	kemi	vijmë	quhemi	flasim
(ju)	jeni	keni	vini	quheni	flisni
(ata, ato)	janë	kanë	vijnë	quhen	flasin

1) Die Hilfsverben **jam** (sein) und **kam** (haben) sind stark unregelmäßig. Ihre Konjugation muss also gesondert gelernt werden. Man beachte jedoch die Parallelen der Konjugationsmuster.

2) Das Pronomen **ju** wird sowohl für die 2. Person Plural als auch für die Höflichkeitsform verwendet.

<u>**Beispiele**</u>:
Ju dy jeni nga Shqipëria. – Ihr zwei seid aus Albanien. (Plural)
Ju jeni zonja Krasniqi. – Sie sind Frau Krasniqi. (Höflichkeitsform)

3. Die bestimmte und unbestimmte Form des Substantivs im Nominativ

Das Albanische kennt bei Nomen zwei Geschlechter: Maskulinum und Femininum.

Das Neutrum ist bei Substantiven fast vollständig verschwunden
und ist für das Erlernen der Alltagssprache daher nicht mehr relevant.

	Unbestimmte Form	Bestimmte Form	
Maskulina enden in der	një bagazh	bagazh-i	
Regel auf Konsonanten:	një aeroport	aeroport-i	Konsonant + i
Dies gilt auch für Eigennamen	Gent	Gent-i	
	Tom	Tom-i	
Feminina enden in der Regel auf Vokale (-ë, -e):	një pasaportë	pasaporta	-ë fällt weg → -a
	Shqipëri	Shqipër*i*a	betontes -i → -a
	një lule	lulja	e fällt weg → -ja
	një kafe	kafeja	betontes -e → -ja
Dies gilt auch für Eigennamen:	Edlirë	Edlira	
	Blertë	Blerta	
	Kosovë	Kosova	

1) Als unbestimmter Artikel (ein, eine) verwendet das Albanische für beide Geschlechter das Zahlwort für 1, **një**.

Beispiele: **një** aeroport – ein Flughafen; **një** kafe – ein Kaffee

2) Anders als im Deutschen wird der bestimmte Artikel im Albanischen mit Suffixen geformt. Die bestimmte Form eines Hauptwortes wird also **durch Nachsilben** gebildet, die an das Wort angehängt werden. Bei **Feminina** ergeben sich unterschiedliche Varianten je nach der Endung des unbestimmten Wortes.

3) Die bestimmte Form männlicher Substantive wird meistens mit der Endung **-i** gebildet.

4) Um die bestimmte Form der Feminina zu bilden, wird das **-ë** durch ein **-a** ersetzt.

Beispiel: nën**ë** => nën**a** (Mutter => die Mutter)

5) Endet ein Femininum auf unbetontes **-e**, so wird die bestimmte Form mit der Nachsilbe **-ja** gebildet, die das unbetonte **-e** ersetzt.

Beispiel: lul**e** => lul**ja** (Blume => die Blume)

6) Endet ein Femininum auf betontes **-e**, so wird die bestimmte Form mit der Nachsilbe **-ja** gebildet. Das betonte **-e** bleibt erhalten.

Beispiel: kafe => kafeja (Kaffee => der Kaffee)

In der **Umgangssprache** begegnet man auch dem Wort **kafe** mit betontem **a**: kafe – kaf**ja**.

7) Endet ein Femininum auf betontes **-i**, so wird die bestimmte Form mit der Nachsilbe **-a** gebildet. Das betonte **-i** bleibt erhalten.

Beispiele:
Unë jetoj në Shqipër**i**. – Ich lebe in Albanien.
Unë vij nga Shqipëri**a**. – Ich komme aus Albanien.

8) Eine Besonderheit des Albanischen ist, dass auch **Eigennamen** von Personen, Orten etc. in einer unbestimmten und einer bestimmten Form existieren. Die Bildung dieser Formen erfolgt genauso wie bei allen anderen Hauptwörtern. Im Satzzusammenhang wird fast immer die bestimmte Form des Namens gebraucht.

Bei Personennamen existiert eine solche bestimmte Form auch in der gesprochenen Sprache des deutschen Sprachraums. (Bsp.: „Der Franz kommt morgen zum Essen.") Die Verwendung des Artikels ist dabei praktisch identisch mit der im Albanischen und kann deutschsprachigen Lernenden als Orientierungshilfe dienen.

Beispiele:
Gent (unbestimmt) => Genti (bestimmt)
Edlir**ë** (unbestimmt) => Edlir**a** (bestimmt)
Ai quhet Gent. Genti është shqiptar.
Ajo quhet Edlir**ë** (ugs.: Edlir**a**). Edlir**a** është përkthyese.
Jetoj në Shqipëri. Vij nga Shqipëri**a**.
Jetoj në Kosov**ë**. Vij nga Kosov**a**.

4. Aussagesatz, Fragesatz und Verneinung

Position 1	Position 2		
Prej nga Woher	vini kommen	(ju)? Sie?	**Fragesatz**
(Unë) Ich	vij komme	nga Shqipëria. aus Albanien.	**Aussagesatz**
A Fragepartikel	vini kommen	(ju) nga Austria? Sie aus Österreich?	**Fragesatz**
Po, (unë) Ja, ich	vij komme	nga Austria. aus Österreich.	**Aussagesatz**
Jo, (unë) Nein, ich	**nuk** vij komme nicht	nga Austria. aus Österreich.	**Vereninung**
Jo, (unë) Nein, ich	**s'** vij komme nicht	nga Austria. aus Österreich.	**Verneinung**

1) Entscheidungsfragen werden mit der Fragepartikel **a** gebildet und immer mit *ja* oder *nein* beantwortet. In der Umgangssprache wird das **a** auch weggelassen.

Beispiel: **A vjen** nga Kosova? = **Vjen** nga Kosova?

2) Die **Verneinung** erfolgt im Albanischen durch die Partikel **nuk** oder **s'**.
Nuk wird vor das konjugierte Verb gestellt, **s'** mit Apostroph direkt vor das konjugierte Verb gehängt.

Beispiel: **(unë) nuk** shkoj = **(unë) s'**shkoj – ich gehe nicht

3) Fragesätze können auch die Satzstellung von Aussagesätzen beibehalten, die Bedeutung ergibt sich aus der Intonation.

Beispiel:
Ajo është zonja Vera. (Aussagesatz)
Ajo është zonja Vera? (Fragesatz, der Erstaunen ausdrückt)

5. Adjektive ohne Gelenkartikel

	männlich	weiblich	männlich + weiblich
Singular	shqiptar vjeç	shqiptar-**e** vjeç-**e**	----
Plural	shqiptar-**ë** vjeç-**ë**	shqiptar-**e** vjeç-**e**	shqiptar-**ë** vjeç-**ë**

1) Das Albanische kennt zwei Gruppen von Adjektiven: Adjektive mit Gelenkartikel und ohne Gelenkartikel.

In den Modulen 1–4 begegnen uns zwei Adjektive ohne Gelenkartikel.

Beispiele: djalë **shqiptar**, vajzë **shqiptare**

2) Adjektive ohne Gelenkartikel erhalten im Femininum Singular und Plural regulär die Endung **-e**.

Beispiel: vjeç, vjeçe

3) Männliche Adjektive ohne Gelenkartikel bilden den unbestimmten Plural mit der Endung **-ë**.

Beispiel: djem shqiptarë

Achtung: Die Adjektive vjeç und vjeçar werden oft als Synonyme angewendet – vor allem in der Pluralform:

Beispiel: Ata janä 13 **vjeçarë**. Statt: Ata janë 13 **vjeçë**.

Module 5 – 8

1. Adjektive mit und ohne Gelenkartikel, Einzahl

Das Albanische kennt zwei Gruppen von Adjektiven.

1) Adjektive mit Gelenkartikel: **i** mirë = guter (männl.); **e** mirë = gute (weibl.), etc.

2) Adjektive ohne Gelenkartikel: shqiptar = albanischer (männl.); shqiptare = albanische (weibl.), etc.

Der Gelenkartikel (alb. nyja) ist eine Besonderheit des Albanischen und ein fester, unübersetzbarer Bestandteil von Adjektiven, die ihn mit sich führen: z.B. i rëndë – schwer, i bukur – schön etc. Ob ein Adjektiv einen Gelenkartikel aufweist oder nicht, geht aus dem Vokabelverzeichnis jeder Lektion hervor und sollte von Anfang an mit dem Wort gelernt werden.

International gebräuchliche Fremdwörter westlichen Ursprungs wie blu (blau), modern (modern) oder interesant (interessant) haben im Albanischen keinen Gelenkartikel.

	unbestimmte Form, Singular	bestimmte Form, Singular
Adjektiv mit Gelenkartikel, männlich	(një) këngëtar **i** njohur	këngëtari **i** njohur
Adjektiv mit Gelenkartikel, weiblich	(një) këngëtare **e** njohur	këngëtarja **e** njohur
Adjektiv ohne Gelenkartikel, männlich	(një) telefon modern	telefoni modern
Adjektiv ohne Gelenkartikel, weiblich	(një) shkollë moderne	shkolla moderne

2. Prädikativ und/oder attributiv gebrauchte Adjektive, Einzahl

Ky është një shesh **i njohur**. - Das ist ein bekannter Platz.

Sheshi **i njohur** quhet "Sheshi Skenderbej". - Der bekannte Platz heißt „Skanderbegplatz".

Sheshi është **i njohur**. - Der Platz ist bekannt.

Kjo është një këngëtare **e njohur**. - Das ist eine bekannte Sängerin.

Këngëtarja **e njohur** quhet Elsa Lila. - Die bekannte Sängerin heißt Elsa Lila.

Këngëtarja është **e njohur**. - Die Sängerin ist bekannt.

Ky është një djalë **shqiptar.** - Das ist ein albanischer Junge.

Djali **shqiptar** quhet Gent. - Der albanische Junge heißt Gent.

Djali është **shqiptar**. - Der Junge ist albanisch/Albaner.

Kjo është një vajzë **shqiptare.** - Das ist ein albanisches Mädchen.

Vajza **shqiptare** quhet Edlira. - Das albanische Mädchen heißt Edlira.

Vajza është **shqiptare**. - Das Mädchen ist albanisch/Albanerin.

Bei Adjektiven **mit Gelenkartikel** ändert sich im Femininum Singular in den meisten Fällen lediglich der Gelenkartikel. Ausnahmen sind im Vokabelverzeichnis als solche gekennzeichnet und gesondert zu lernen. Die männliche Form lautet **i**, die weibliche **e**. Hierbei spielt es keine Rolle, ob das zugehörige Hauptwort bestimmt oder unbestimmt ist oder ob das Adjektiv prädikativ oder attributiv gebraucht wird.

Adjektive **ohne Gelenkartikel** erhalten im Femininum Singular regulär die Endung **-e**. Auch hier spielt es keine Rolle, ob das Bezugswort bestimmt oder unbestimmt ist bzw. ob das Adjektiv prädikativ oder attributiv gebraucht wird.

3. Çfarë është ky/kjo? – Was ist das? (m/f)

Çfarë është **kjo**? – Was ist das?

Kjo është një fletore. (f.) – Das ist ein Heft.

Çfarë është **ky**? – Was ist das?

Ky është një libër. (m.) – Das ist ein Buch.

Wenn Sie sich nicht sicher sind, welches Geschlecht ein Gegenstand hat, können Sie auch wie folgt fragen:

Çfarë është **kjo gjë**? (f.) – Was ist diese Sache?

4. Fragepronomen

Mit dem Fragepronomen **kush** wird nach Personen gefragt.

Mit dem Fragepronomen **çfarë** wird nach Dingen gefragt.

Mit den Fragepronomen **kush**, **cili** (m.), **cila** (f.) wird nach Personen und Lebewesen gefragt.

5. Der Plural der Substantive, Nominativ

	unbestimmte Form, Singular	**unbestimmte Form, Plural**
männlich	(një) stilograf (një) telefon	(disa) stilograf**ë** (disa) telefon**ë**
weiblich	(një) pasaportë (një) makinë	(disa) pasaport**a** (disa) makin**a**

Die meisten maskulinen Substantive bilden den unbestimmten Plural mit der Endung **-ë**, während die meisten femininen Substantive die Endung **-a** aufweisen.

6. Substantiv und Adjektiv im unbestimmten Plural, Nominativ

	unbestimmte Form, Singular	**unbestimmte Form, Plural**
männlich	(një) këngëtar **i** njohur	(disa) këngëtarë **të** njohur
weiblich	(një) këngëtare **e** njohur	(disa) këngëtare **të** njohura
männlich	(një) telefon modern	(disa) telefonë modernë
weiblich	(një) shkollë moderne	(disa) shkolla moderne

Bei Adjektiven mit Gelenkartikel ändert sich im Plural in der männlichen Form nur der Gelenkartikel zu **të**. Feminina erhalten zusätzlich noch die Endung **-a**.

Männliche Adjektive ohne Gelenkartikel bilden den indeterminierten Plural mit der Endung **-ë**. Die weiblichen Formen der Adjektiva sind gleich wie im Singular.

Bei einigen Feminina ist der unbestimmte Plural gleich dem Singular.

Beispiele: një pemë – **disa** pemë, **një** mollë – **disa** mollë

7. Das Geschlecht der Substantive

unbestimmt, Singular	bestimmt, Singular
një mi**k**	mik-**u**
një sho**k**	shok-**u**
një tre**g**	treg-**u**
një zo**g**	zog-**u**

Substantive, die in der unbestimmten Form auf **-g**, **-k** oder **-h** enden, bilden die bestimmte Form im Singular auf **-u**. Oben in der Tabelle finden sich Beispiele auf **-k** und **-g**.

Module 9 – 12

1. Deklination: Substantiv + Adjektiv, bestimmte Form, Plural, Nominativ

	unbestimmt, Plural	bestimmt, Plural
männlich	(disa) stilografë **të** verdhë	stilografë**t** **e** verdhë
weiblich	(disa) dhoma **të** larta	dhoma**t** **e** larta
männlich	(disa) telefonë moderne**ë**	telefonë**t** modern
weiblich	(disa) shkolla moderne	shkolla**t** moderne

– Im bestimmten Plural folgt unmittelbar auf die Pluralendung **-t** der Gelenkartikel **e**.

– Die Adjektive ohne Gelenkartikel – männlich – verlieren in der unbestimmten Form die Endung **-ë**

– Die Adjektive ohne Gelenkartikel werden genauso dekliniert wie in der unbestimmten Form.

2. Der Akkusativ

		unbestimmt, Nominativ	unbestimmt, Akkusativ	
weiblich	**Singular**	(një) dhuratë	(një) dhuratë	⇨keine neue Endung im Akk.
	Plural	(disa) dhurata	(disa) dhurata	
männlich	**Singular**	(një) album	(një) album	⇨keine neue Endung im Akk.
	Plural	(disa) albume	(disa) albume	

Der Akkusativ ist in der unbestimmten Einzahl sowie in der unbestimmten wie auch in der bestimmten Mehrzahl gleich dem Nominativ.

Beispiele:

Kjo është **një dhuratë**. – Unë kam **një dhuratë**.
Këto janë **disa dhurata**. – Unë kam **disa dhurata**.
Ky është **një album**. – Unë kam **një album**.
Këta janë **disa albume**. – Unë kam **disa albume**.

– Lediglich in der bestimmten Einzahl verfügt der Akkusativ über eine eigene Form.

Die Bildung ist denkbar einfach: Bei Maskulina wird an die bestimmte Form die Endung **-n** angefügt, bei Feminina an die unbestimmte Form.

Beispiele:
maskulin: një shok => shoku => shoku**n**
feminin: një shoqe => shoqe**n**

	Nominativ, unbestimmt, Singular	**Nominativ, bestimmt, Singular**	**Akkusativ, bestimmt, Singular**
männlich	një album	**albumi**	albumin
weiblich	**një dhuratë**	dhurat**a**	dhuratën

– Bei Feminina, die auf betonten Vokal enden, lautet die Akkusativendung der bestimmten Form **-në**.

Beispiele:
Jam në **kinema**. – Ich bin im Kino.
Jam në **kinemanë** "Millennium". – Ich bin im Kino „Milennium".
Jam në **kafene**. – Ich bin im Café.
Jam në **kafenenë** "Studenti". – Ich bin im Café „Studenti".

Am häufigsten tritt der Akkusativ – wie im Deutschen – nach transitiven Verben auf, also Verben, die ein Objekt im Akkusativ verlangen, wie z.B. shoh (sehen), dëgjoj (hören), takoj (treffen), usw.

Beispiel: Takoj shoqen. – Ich treffe die Freundin.

Darüber hinaus verlangen einige **Präpositionen** stets den Akkusativ: në (in), me (mit), për (für), pa (ohne), nën (unter), mbi (auf). Hier ist zu beachten, dass sich etwa zum Deutschen deutliche Unterschiede ergeben (**mit** verlangt im Deutschen den Dativ.)

Achtung: Auf **Ortspräpositionen** folgt der **unbestimmte Akkusativ**.
Beispiel: Libri gjendet **mbi tryezë.** – Das buch liegt auf dem Tisch.

Wird das Substantiv im Akkusativ durch ein Adjektiv näher bestimmt, so verwendet man den bestimmten Akkusativ.

Beispiele:
Libri gjendet **mbi tryezën** e madhe. – Das Buch liegt auf dem großen Tisch.
Librat gjenden në **raft**. – Die Bücher sind im Regal.
Librat gjenden në **raftin** e ri. – Die Bücher sind im neuen Regal.
Jam në **rrugë**. – Ich bin auf der Straße.
Jam në **rrugën** "Nënë Tereza". – Ich bin auf der Straße „Nënë Tereza".

5. Possesivpronomen im Singular und Plural

Das Albanische weist bei den Possessivpronomen eine deutlich größere Formenvielfalt auf als das Deutsche. Es muss zwischen männlichem und weiblichem „Besitz" und zwischen Einzahl und Mehrzahl unterschieden werden. Um das Erlernen der Formen zu erleichtern, beschäftigen wir uns an dieser Stelle lediglich die Formen für Nominativ Singular und Plural.

Auf den ersten Blick erscheint diese Liste verwirrend, es steckt aber sehr wohl ein System dahinter:

- Das Nomen („der Besitz") steht ausnahmslos vor dem Possessivpronomen und ausschließlich in der determinierten Form.

  Beispiel: Libri **im** është i ri. – Mein Buch ist neu.

- Aus dem Pronomen muss hervorgehen, ob der Besitz **männlich oder weiblich** ist.

  Beispiel:
  Nëna **ime** dhe babai **im** jetojnë në Kosovë. – Meine Mutter und mein Vater leben im Kosovo.

- Die 1. und 2. Person Sg. und die 1. Person Pl. verfügt dazu über separate weibliche Formen:

  im => ime
  yt => jote
  ynë => jonë

  Nur **juaj** bleibt unverändert.

- Bei der 3. Person Sg. und Pl. bilden der Gelenkartikel (**i** für Maskulin, **e** für Feminin) und das Pronomen eine untrennbare Einheit und zeigen bereits das Geschlecht an.

- Wenn das Nomen („der Besitz") im Plural steht:
  - Der Gelenkartikel lautet nach der Endung **-t** des bestimmten Plurals immer **e.**
  - Possessivpronomen mit Gelenkartikel werden wie reguläre Adjektive mit Gelenkartikel dekliniert.

	Besitz im Singular, männlich		Besitz im Singular, weiblich	
Personal-pronomen	**Possessivpronomen, Singular, Nominativ**			
unë	im	Ky është **shoku** im.	ime	Kjo është **shoqja** ime.
ti	yt	Ky është **shoku** yt.	jote	Kjo është **shoqja** jote.
ai	i tij	Ky është **shoku** i tij.	e tij	Kjo është **shoqja** e tij.
ajo	i saj	Ky është **shoku** i saj.	e saj	Kjo është **shoqja** e saj.
ne	ynë	Ky është **shoku** ynë.	jonë	Kjo është **shoqja** jonë.
ju	juaj	Ky është **shoku** juaj.	juaj	Kjo është **shoqja** juaj.
ata	i tyre	Ky është **shoku** i tyre.	e tyre	Kjo është **shoqja** e tyre.
ato	i tyre	Ky është **shoku** i tyre	e tyre	Kjo është **shoqja** e tyre.

	Besitz im Plural, männlich		Besitz im Plural, weiblich	
Personal-pronomen	Possessivpronomen, „Besitz“ im Plural, Nominativ			
unë	e mi	Këta janë **shokët** e mi.	e mia	Këto janë **shoqet** e mia.
ti	e tu	Këta janë **shokët** e tu.	e tua	Këto janë **shoqet** e tua.
ai	e tij	Këta janë **shokët** e tij.	e tija	Këto janë **shoqet** e tija.
ajo	e saj	Këta janë **shokët** e saj.	e saja	Këto janë **shoqet** e saja.
ne	tanë	Këta janë **shokët** tanë.	tonaë	Këto janë **shoqet** tona.
ju	tuaj	Këta janë **shokët** tuaj.	tuaja	Këto janë **shoqet** tuaja.
ata	e tyre	Këta janë **shokët** e tyre.	e tyre	Këto janë **shoqet** e tyre.
ato	e tyre	Këta janë **shokët** e tyre.	e tyre	Këto janë **shoqet** e tyre.

6. Das Geschlecht des Substantivs: Ausnahmen

1) Substantive, die in der unbestimmten Form auf **-ër** enden, bilden die bestimmte Form weiblich auf **-ra** und männlich auf **-ri**.Der Vokal **ë** fällt aus.

Beispiele: një motër – motra; një libër – libri

2) Einige männliche Verwandtschaftsbezeichnungen enden im unbestimmten Singular auf betontes **-a**, in der bestimmten Form erhalten sie die Endung **-i**.

Beispiele: një vëlla – vëllai; një baba – babai; një xhaxha – xhaxhai

3) Dajë (Onkel, Bruder der Mutter) ist zwar männlich, wird aber wie ein Femininum dekliniert.

Beispiele: një dajë – daja (aber mit Possessivpronomen heißt es: daja im)

7. Der Plural des Substantivs: Ausnahmen

Die hier aufgelisteten Verwandtschaftsbezeichnungen bilden den Plural unregelmäßig und müssen auswendig gelernt werden.

vëlla	–	**vëllezër**	–	**vëllezërit**
baba	–	**baballarë**	–	**baballarët**
fëmi	–	**fëmijë**	–	**fëmijët**
kushëri	–	**kushërinj**	–	**kushërinjtë**
djalë	–	**djem**	–	**djemtë**

1. Der Konjunktiv im Präsens

Der Konjunktiv Präsens wird gebildet, indem dem Verb die Partikel **të** vorangestellt wird.

Die Endungen lauten wie folgt: **-j, -sh, -jë, -jmë, -ni, -jnë**.

Die Verwendung des Konjunktivs unterscheidet sich im Albanischen deutlich von der des Deutschen und wird im Albanischen sehr häufig verwendet.

Seine Hauptfunktion besteht in der Verbindung zweier Verben, z.B. „ich will singen".

Indikativ	
Pers. pronomen	**punoj** arbeiten
(unë)	puno-**j**
(ti)	puno-**n**
(ai, ajo)	puno-**n**
(ne)	puno-**jmë**
(ju)	puno-**ni**
(ata ,ato)	puno-**jnë**

Konjunktiv		
Pers. pronomen	**dua** wollen	**punoj** arbeiten
(unë)	dua	**të** puno-**j**
(ti)	do	**të** puno-**sh**
(ai, ajo)	do	**të** puno-**jë**
(ne)	duam	**të** puno-**jmë**
(ju)	doni	**të** puno-**ni**
(ata ,ato)	duan	**të** puno-**jnë**

Die Konjugation des Konjunktivs weicht nur in der 2. und 3. Person Singular von der des Indikativs ab.

Auch im Satzbau unterscheiden sich hier das Albanische und das Deutsche stark. Während das Deutsche hier das Modalverb „wollen" konjugiert und das zweite Verb im Infinitiv nachstellt (z.B. ich will arbeiten, du willst arbeiten...), verwendet das Albanische eine andere Konstruktion:

Konjugiertes Verb im Indikativ + Partikel të + konjugiertes Verb im Konjunktiv

Beispiel:
Unë dua të këndoj. – Ich will singen.
Ti do të këndosh. – Du willst singen.

Im Albanischen muss also sowohl das erste als auch das zweite Verb konjugiert werden, eine Konstruktion, die sich am ehesten mit „Ich will, (dass ich) singe." übertragen ließe.

Die Modalverben **duhet** (müssen) und **mund** (können) haben sich zu unveränderlichen Partikeln weiterentwickelt:

Pers. pronomen	**duhet / mund** muss / kann	**punoj** arbeiten
(unë)	**duhet / mund**	të punoj
(ti)	**duhet / mund**	të punosh
(ai, ajo)	**duhet / mund**	të punojë
(ne)	**duhet / mund**	të punojmë
(ju)	**duhet / mund**	të punoni
(ata, ato)	**duhet / mund**	të punojnë

2. Die Personalpronomen in Akkusativ

Die Personalpronomen im Akkusativ unterscheiden sich vom Nominativ nur in der 1., 2. und 3. Person Singular. Im Plural sind sie wie im Nominativ.

Nominativ		Akkusativ
unë – ich	→	**mua** – mich
ti – du	→	**ty** – dich
ai – er	→	**atë** – ihn
ajo – sie	→	**atë** – sie
ne – wir	→	**ne** – uns
ju – ihr/Sie	→	**ju** – euch/Sie
ata – sie (m.)	→	**ata** – sie (m.)
ato – sie (w.)	→	**ato** – sie (w.)

Personalpronomen im Akkusativ
Die Akkusativpronomen werden in dieser Form nur mit Präpositionen verwendet, die im Akkusativ stehen.

Beispiele:
Unë blej një çokollatë për **ty**. – Ich kaufe eine Schokolade für dich.
Ajo mëson çdo ditë me **mua**. – Sie lernt jeden Tag mit mir.
Këto lule janë për **ty**. – Diese Blumen sind für dich.
Ai është Genti. Edlira flet me **atë**. – Das ist Gent. Edlira spricht mit ihm.

Achtung! Das albanische **me** (mit) verlangt den Akkusativ, das deutsche **mit** dagegen den Dativ!

Beispiel: Ajo mëson çdo ditë me **atë**. – Sie lernt jeden Tag mit ihr/ihm.

In der gesprochenen Sprache fällt das **a-** am Beginn der Akkusativpronomen oft weg:

për atë = për të   për ato = për to   për ata = për ta

3. Die Deklination der Substantive und Adjektive mit Gelenkartikel im Akkusativ, Sg. und Pl.

Die Deklination der Kombination Substantiv plus Adjektiv mit Gelenkartikel im Akkusativ unterscheidet sich vom Nominativ nur im Singular.

	bestimmt, Singular		unbestimmt, Singular	
	Nominativ	Akkusativ	Nominativ	Akkusativ
männlich	koleksioni **i ri**	koleksionin **e ri**	një koleksion **i ri**	një koleksion **të ri**
weiblich	këmisha **e gjelbër**	këmishën **e gjelbër**	një këmishë **e gjelbër**	një këmishë **të gjelbër**

	bestimmt, Plural		unbestimmt, Plural	
	Nominativ	Akkusativ	Nominativ	Akkusativ
männlich	shokët **e mirë**	shokët **e mirë**	disa shokë **të mirë**	disa shokë **të mirë**
weiblich	shoqet **e mira**	shoqet **e mira**	disa shoqe **të mira**	disa shoqe **të mira**

4. Die Deklination der Substantive und Adjektive ohne Gelenkartikel im Akkusativ, Sg. und Pl.

	bestimmt, Singular		unbestimmt, Singular	
	Nominativ	Akkusativ	Nominativ	Akkusativ
männlich	koleksioni **sportiv**	koleksionin **sportiv**	një koleksion **sportiv**	një koleksion **sportiv**
weiblich	këmisha **sportive**	këmishën **sportive**	një këmishë **sportive**	një këmishë **sportive**

	bestimmt, Plural		unbestimmt, Plural	
	Nominativ	Akkusativ	Nominativ	Akkusativ
männlich	djemtë **dembelë**	djemtë **dembelë**	disa djem **dembelë**	disa djem **dembelë**
weiblich	vajzat **dembele**	vajzat **dembele**	disa vajza **dembele**	disa vajza **dembele**

5. Die Verben der 3. Konjugation

Charakteristisch für die Verben der dritten Konjugation ist, dass alle Singularformen identisch sind und auf einem Vokal enden.

Die Pluralendungen **-më**, **-ni**, **-në** werden an den Stamm angehängt.

Indikativ, Präsens				
Pers. pronomen	**ha essen**	**pi trinken**	**rri bleiben, stehen**	**di wissen, können**
(unë)	**ha**	**pi**	**rri**	**di**
(ti)	**ha**	**pi**	**rri**	**di**
(ai, ajo)	**ha**	**pi**	**rri**	**di**
(ne)	ha-**më**	pimë	rrimë	dimë
(ju)	ha-**ni**	pini	rrini	dini
(ata, ato)	ha-**në**	pinë	rrinë	dinë

Module 17 – 20

1. Die betonte Kurzform der Personalpronomen im Akkusativ

	Langform	
Personalpronomen, Nominativ	**Personalpronomen, Akkusativ**	**Kurzform, Akkusativ**
unë – ich	**mua**	**më** → mich
ti – du	**ty**	**të** → dich
ai – er	**atë**	**e** → ihn
ajo – sie	**atë**	**e** → sie
ne – wir	**ne**	**na** → uns
ju – ihr/Sie	**ju**	**ju** → euch/Sie
ata – sie	**ata**	**i** → sie
ato – sie	**ato**	**i** → sie

– Die **Kurzform** wird in Sätzen mit Verben verwendet, die den Akkusativ nach sich ziehen, und sie steht im Albanischen **vor** dem jeweiligen Verb:

  Beispiele:
  Ju takoj në rrugë. – Ich treffe **euch** auf der Straße.
  E pres akoma. – Ich warte noch immer auf **ihn/sie**.

– Die Kurzform des Akkusativs ist nur vor dem Demonstrativpronomen (këtë, këta, këto) obligatorisch.

  Beide folgenden Varianten sind also korrekt: Unë pres shoqen. = Unë **e** pres shoqen.

- Die betonte (Lang-)Form des Personalpronomens im Akkusativ steht **nach** Präpositionen, die den Akkusativ verlangen, z.B.: me mua, për ty, pa të.

- Die betonte Langform kann zur besonderen Hervorhebung der Person oder um Missverständnisse zu vermeiden auch im „normalen" Satz verwendet werden: **Të** shoh **ty**, jo Edlirën! – Ich sehe DICH, nicht Edlira!

2. Personalpronomen in Akkusativ in Verbindung mit dem Konjunktiv

Im Konjunktiv treffen die bereits beschriebenen Kurzformen der Personalpronomen im Akkusativ oft auf die Partikel **të**:

Beispiel:
Mund **të** më takosh nesër. – Du kannst mich morgen treffen.

Wenn **të** dabei auf die Kurzform **e** (ihn, sie) trifft, verschmelzen sie zu **ta**.

Beispiel:
Duhet **ta** bësh shpejt! – Du musst es schnell machen!
Nicht: Duhet të e bësh shpejt.

Wenn **të** dabei auf die Kurzform **i** (sie, Pl.) trifft, wird **i** zu **t'i**.

Beispiel: Duhet t'i paketoj shpejt. – Ich muss sie schnell einpacken.
Nicht: Duhet të i paketoj shpejt.

3. Possesivpronomen im Akkusativ, Singular

Im Akkusativ finden bei den Possessivpronomen („Besitz" im Singular) gegenüber dem Nominativ geringfügige Anpassungen statt.

Auch hier verbergen sich hinter der Formenvielfalt klar strukturierte Regeln.

	Besitz im Singular männlich		Besitz im Singular weiblich	
	Possessivpronomen, „Besitz" im Singular			
Personalpronomen	**Nominativ**	**Akkusativ**	**Nominativ**	**Akkusativ**
unë	shoku **im**	shokun **tim**	shoqja **ime**	shoqen **time**
ti	shoku **yt**	shokun **tënd**	shoqja **jote**	shoqen **tënde**
ai	shoku **i tij**	shokun **e tij**	shoqja **e tij**	shoqen **e tij**
ajo	shoku **i saj**	shokun **e saj**	shoqja **e saj**	shoqen **e saj**
ne	shoku **ynë**	shokun **tonë**	shoqja **jonë**	shoqen **tonë**
ju	shoku **juaj**	shokun **tuaj**	shoqja **juaj**	shoqen **tuaj**
ata	shoku **i tyre**	shokun **e tyre**	shoqja **e tyre**	shoqen **e tyre**
ato	shoku **i tyre**	shokun **e tyre**	shoqja **e tyre**	shoqen **e tyre**

	Besitz im Plural männlich		Besitz im Plural Weiblich	
	Possessivpronomen, „Besitz" im Plural			
Personalpronomen	**Nominativ**	**Akkusativ**	**Nominativ**	**Akkusativ**
unë	shokët **e mi**	shokët **e mi**	shoqet **e mia**	shoqet **e mia**
ti	shokët **e tu**	shokët **e tu**	shoqet **e tua**	shoqet **e tua**
ai	shokët **e tij**	shokët **e tij**	shoqet **e tija**	shoqet **e tija**
ajo	shokët **e saj**	shokët **e saj**	shoqet **e saja**	shoqet **e saja**
ne	shokët **tanë**	shokët **tanë**	shoqet **tona**	shoqet **tona**
ju	shokët **tuaj**	shokët **tuaj**	shoqet **tuaja**	shoqet **tuaja**
ata	shokët **e tyre**	shokët **e tyre**	shoqet **e tyre**	shoqet **e tyre**
ato	shokët **e tyre**	shokët **e tyre**	shoqet **e tyre**	shoqet **e tyre**

1) Formen mit Gelenkartikeln deklinieren diesen regelmäßig.
Direkt auf das **-n** des Akkusativs folgt **e**.
Folgen dazwischen noch andere Wörter, steht **të.**
Auf die genauen Formen der Gelenkartikel wird in *Eja edhe ti! 2* noch näher eingegangen.

2) Formen ohne Gelenkartikel beginnen im Akkusativ mit **t**:
im-tim, yt-tënd, jonë-tonë, juaj-tuaj.

Beispiele:

Unë telefonoj me babain **tim** dhe me nënën **time**.
– Ich telefoniere mit meinem Vater und meiner Mutter.
Ti telefonon me babain **tënd** dhe me nënën **tënde**.
– Du telefonierst mit deinem Vater und deiner Mutter.

> Merken Sie sich: Possessivpronomen werden wie Adjektive mit Gelenkartikel dekliniert! Ein **-a** wird angehängt, wenn das Substantiv weiblich ist. Auch der Gelenkartikel wird dabei dekliniert. (Näheres in *Eja edhe ti! 2*.)
> Beispiele: motrat e rej**a** - motrat e tij**a**; vëllezërit e rinj - vëllezërit e tij
> → In der Umgangssprache, wird das **-a** oft ausgelassen.

4. Verben: Die 2. Konjugation

Bei den Verben der 2. Konjugation fällt auf, dass im Singular die Form des Verbes in allen Personen gleich ist. Erst im Plural werden die Endungen **-im**, **-ni** und **-in** gesetzt.

Personalpronomen	**nxjerr** herausnehmen	**hap** öffnen	**vesh** anziehen	**zhvesh** ausziehen
(unë)	**nxjerr**	**hap**	**vesh**	**zhvesh**
(ti)	**nxjerr**	**hap**	**vesh**	**zhvesh**
(ai, ajo)	**nxjerr**	**hap**	**vesh**	**zhvesh**
(ne)	nxjerr-**im**	hapim	veshim	zhveshim
(ju)	nxjerr-**ni**	hapni	veshni	zhveshni
(ata, ato)	nxjerr-**in**	hapin	veshin	zhveshin

5. Sonderformen der 2. Konjugation

Eine Reihe von albanischen Verben der 2. Konjugation weist Sonderformen auf. Auf den ersten Blick mögen diese verwirrend erscheinen, sie folgen jedoch zwei gleich bleibenden Schemata:

1) Vokalveränderung innerhalb des Verbs: a => e => e/i bzw. **o => e => i**

Der Vokal im Verbinneren verändert sich in den einzelnen Personen also wie folgt: **a=>e=>e; a=>e/i=>a.**

Die Vokaländerung aufweisen sollte von Anfang an mit den Verben gelernt werden.

Eine Merkhilfe:
Die Verben **jap** (geben) und **marr** (nehmen) weisen in der 2. Person Plural ein **e** auf, fast alle anderen ein **i**.

2) Änderung von Vokal <u>und</u> Endung: s => t (Bsp.: flas, trokas)

Konjugationsbeispiele:

Personalpronomen	**jap** geben	**marr** nehmen	**flas** sprechen	**trokas** klopfen
(unë)	jap	marr	flas	trokas
(ti)	jep	merr	flet	troket
(ai, ajo)	jep	merr	flet	troket
(ne)	japim	marrim	flasim	trokasim
(ju)	jepni	merrni	flisni	trokisni
(ata, ato)	japin	marrni	flasin	trokasin

6. Die Steigerung der Adjektive und Adverbien

Die **Steigerung** von Adjektiven und Adverbien erfolgt im Albanischen mithilfe des Adverbs **më** (mehr). Adjektive und Adverbien werden dabei identisch behandelt.
Më wird dem Adjektiv bzw. Adverb vorangestellt.

<u>**Beispiele**:</u>
Ai është **më** <u>i mirë</u> në shkollë. – Er ist besser in der Schule. (Adjektiv)
Ajo luan **më** <u>mirë</u>. – Sie spielt besser. (Adverb)

sesa	–	vor Substantiv, Adjektiv und Pronomen
se	–	vor Adjektiven und Adverbien

Beispiele:
Ai është më punëtor **sesa** Agimi. – Er ist fleißiger als Agim.
Kopshti është më i madh **sesa** oborri. – Der Garten ist größer als der Hof.
Tani jam më mirë **se** dje. – Jetzt fühle ich mich besser als gestern.

Më mirë po shkruaj sot **se** nesër. – Ich schreibe lieber heute als morgen.

In der gesprochenen Sprache wird zwischen **se** und **sesa** nicht unterschieden.

Eine eigene **Superlativform** existiert im Albanischen nicht. Um den Superlativ auszudrücken, wird die Komparativform verwendet, doch danach kein Vergleich zu anderen Personen, Objekten etc. hergestellt. Aus dem Kontext ergibt sich dann, ob der Komparativ oder der Superlativ gemeint ist.

Beispiele:
Agimi është **më i ri** sesa Vesa. –
Agim ist jünger als Vesa. (Komparativ)

Agimi është djali **më i ri** në klasë. –
Agim ist der jüngste Junge in der Klasse. (Superlativ, ohne die Vergleichspartikel „sesa")

7. Ordnungszahlen

Ordnungszahlen stehen im Albanischen mit Gelenkartikel, der einfach **vor** das Zahlwort gestellt wird.

Beispiele:

shtatë	–	sieben	i, e shtatë	–	der/die siebte

Ausnahmen: i, e parë (der/die erste); i, e katërt (der/die vierte); i, e pestë (der/die fünfte).

8. Irreguläre Adjektive

Einige wenige unregelmäßige Adjektive haben eigene Formen für männlich und weiblich bzw. Einzahl und Mehrzahl. Diese müssen extra gelernt werden.

Beispiel:

i ri	–	jung, neu	**(m., sg.)**	të rinj	–	jung, neu	**(m., pl.)**
e re	–	jung, neu	**(f., sg.)**	të reja	–	jung, neu	**(f., pl.)**

Çelësi i ushtrimeve – Lösungsschlüssel zu den Übungen

Ü. 1 Ç ç, F f, J j, Nj nj, Q q, Th th, X x, Y y, Zh zh

Ü. 2 g, c, f

Ü. 3 ë, i, y

Ü. 4 nj, th, ll

Ü. 5 Mirëmëngjes! Mirëdita! Ç'kemi?

Ü. 6 1. Mirëmëngjes! 2. Mirëdita! 3. Ç'kemi?
4. Mirupafshim! 5. Natën e mirë! 6. Ditën e mirë!

Ü. 7 1–gj, 2–ë, 3–e, 4–Ç, 5–z, 6–j, 7–nj

Ü. 8 pasaportë, valixhe, aeroport, restorant

Ü. 9 1–a, 2–xh, 3–zh, 4–gj

Ü. 10 1–avion, 2–taksi, 3–pasagjer, 4–bagazh, 5–informacion, 6–restorant, 7–valixhe

Ü. 11 1–A je amerikan? 2–Ku jeton? 3–Si quhesh? 4–A je franceze? 5–Prej nga vjen?

Ü. 12 1. Unë jam nga Shqipëria. 2. Jetoj në Amerikë. 3. Po, jam franceze. 4. Quhem Mira.

Ü. 13 1. Prej nga vini? 2. Ku jetoni? 3. Si quheni? 4. A jeni gjerman? 5. Mirë se vini!

Ü. 14 3–tre, 2–dy, 5–pesë

Ü. 15 6–gjashtë, 9–nëntë, 7–shtatë, 1–një

Ü. 16 2–dy, 5–pesë, 10–dhjetë, 8–tetë, 9–nëntë, 3–tre, 7–shtatë, 4–katër, 1–një

Ü. 17 1–ll, 2–ç, 3–l

Ü. 18 babi, mami, mollë, çantë, libër, mirë, gjashtë, tetë, mirëdita, faleminderit, mirëmëngjes, valixhe, pasagjer, jetoj, Shqipëri, Itali, Angli, taksi

Ü. 19 Mirëdita!, tani, unë, ti, Mirë se vjen! është, i lumtur

Ü. 20 1–je, 2–jam, 3–është, 4–është

Ü. 21 1–të lutem, 2–urdhëroni, 3. keni / ke, 4. fal, 5. je, 6. ke / keni

Ü. 22 mirëdita, është, (të) lutem, Tiranë, faleminderit, tani, shumë, rregull, mirë, kohë, minutë, valixhe, Shqipëri, Rinas

Ü. 23 Mirmëngjes, Vera!
Mirëdita, Albert! Mirë se vjen në Tiranë!
Faleminderit! Si je?
Shumë mirë, faleminderit. Po ti?
Shumë mirë dhe shumë i lumtur...

Ü. 24 1–kafe, kafeja; 2. valixhe, valixhja; 3. aeroport, aeroporti

Ü. 25 1. Ky është bagazhi. 2. Jam në aeroport.
3. Ky është aeroporti "Nënë Tereza". 4. Valixhja është këtu.
5. Unë kam bagazh. 6. Po, kam vetëm një valixhe.

Ü. 26 1–Tomi është në Shqipëri. 2–Ajo studion në Tiranë.
3–Po, ai flet shqip. 4–Po, ajo punon si përkthyese.

Ü. 27 1–Ajo jeton në Romë. 2–Ajo është mjeke. 3–Genti ka mall.

Ü. 28 1–Ai jeton në Tiranë. 2–Ajo punon në aeroport.
3–Ajo është mjeke. 4–Tani ai është në Shqipëri.

Ü. 29 1–ajo, 2–ai, 3–ajo, 4–ai

Ü. 30 1–punon, 2–kam, 3–është, 4–janë, 5–vjen, 6–keni, 7–flas, 8–vijnë, 9–studion

Ü. 31/a 1–kjo, ajo; 2–ky, ai; 3–ajo; 4–ai

Ü. 33 Ajo quhet Majlinda. Ajo vjen nga Pogradeci dhe jeton në Tiranë.
Ajo është mësuese dhe përkthyese. Ajo punon në Tiranë.

Ü. 36 kjo, mirëdita, a, nga, dhe

Ü. 37 1. A jeton Genti në Vjenë? Jo, Genti nuk jeton në Vjenë. Ai jeton në Tiranë.
2. A vjen Majlinda nga Shkodra? Jo, Majlinda nuk vjen nga Shkodra.
Ajo vjen nga Pogradeci.
3. A flet Edlira rusisht? Jo, Edlira nuk flet rusisht. Ajo flet anglisht.

Ü. 38 Jo, ky s'është Zoti Agim. Jo, Genti s'jeton në Vjenë.
Jo, Majlinda s'vjen nga Shkodra. Jo, Edlira s'flet rusisht.

Ü. 39 shpirt, dua, dua, vonë, gati

Ü. 40
– Alo!
– Alo, mirëdita! Familja Hashani?
– Po, mirëdita!
– Unë quhem Anton Xoxa. A është zonjushë Manjola aty?
– Më vjen keq zoti....
– Xoxa.
– ...zoti Xoxa. Tani Manjola nuk është këtu.
– Mirë, zonjë, faleminderit! Mirudëgjofshim!
– S'ka përse! Mirudëgjofshim!

Ü. 41/a 7, 19, 13, 8, 5, 6

Ü. 42 7–shtatë, 15–pesëmbëdhjetë, 11–njëmbëdhjetë,
16–gjashtëmbëdhjetë, 10–dhjetë, 4–katër

Ü. 44 vjeçe, vjeçë, vjeç, vjeçë, vjeç

Ü. 45 Joni është pesëmbëdhjetë vjeç. Mira është njëzet vjeçe.
Beni dhe Goni janë dy vjeçë. Era dhe Besa janë njëmbëdhjetë vjeçe.
Meri dhe Joni janë pesëmbëdhjetë vjeçë.

Ü. 46 vjeç, Franca, Kosovë, Prizren

Ü. 47 Ai nuk quhet Ben. Ai quhet Henry. Henry s'është dhjetë vjeç.
Ai është nëntëmbëdhjetë vjeç. Henry s'vjen nga Shqipëria. Ai vjen nga Franca.
Ai nuk jeton e punon në Francë. Ai jeton e punon në Kosovë.
Ai s'flet anglisht. Ai flet shqip dhe frëngjisht.
Ai nuk punon në Paris. Ai punon në Prizren.

Ü. 49 adresë – adresa, telefon – telefoni, celular – celulari, e-mail – e-mail-i, muzikë – muzika

Ü. 51 quhemi, jemi, nga, jetojmë, punojmë, në

Ü. 52 Ato quhen Besforta dhe Era. Ato janë shqiptare.
Ato vijnë nga Shkupi. Ato punojnë në Prishtinë.
Ato punojnë në aeroport në Prishtinë. Ato shkojnë shpesh në Shqipëri.

Ü. 53 1–shqiptare, 2–është, 3–Rinas, 4–mjeke, 5–tani,
6–shpirt, 7–dy, 8–jeni, 9–flas, 10–lutem;
Edlira është **përkthyese**.

Ü. 54 1–valixhja, 2–informacioni, 3–pasaporta, 4–kafeja, 5–bagazhi, 6–përkthyesja,
7–pasagjerja, 8–restoranti, 9–pasagjeri, 10–molla, 11–çanta, 12–Shqipëria,
13–aeroporti. 14–taksia, 15–mësuesja, 16–dashuria

Ü. 55	1–student, studenti, Xhejms, Xhejmsi; 2–përkthyese, përkthyesja, Edlirë, Edlira
Ü. 56	Austri, Austria, Shqipëri; Itali, Italia, Shqipëri; Amerikë, Amerika, Shqipëri
Ü. 57	1. Jo, Tomi nuk vjen nga Anglia. Ai vjen nga Austria. 2. Jo, Magdalena s'vjen nga Spanja. Ajo vjen nga Zvicra. 3. Jo, Karlosi nuk jeton në Spanjë. Ai jeton në Angli. 4. Jo, Edlira s'është mësuese. Ajo është përkthyese. 5. Jo, Klara nuk është përkthyese. Ajo është studente. 6. Jo, nuk kam bagazh. 7. Jo, s'kam kohë.
Ü. 58/a	shesh i njohur, shtëpi e bukur, mik shqiptar, udhërrëfyes turistik, mik austriak, muzikë e njohur, ushqim shqiptar
Ü. 58/b	sheshi i njohur, shtëpia e bukur, miku shqiptar, udhërrëfyesi turistik, miku austriak, muzika e njohur, ushqimi shqiptar
Ü. 59	Ky është një shesh i njohur. – Ky është sheshi i njohur. Kjo është një shtëpi e bukur. – Kjo është shtëpia e bukur. Ky është një mik shqiptar. – Ky është miku shqiptar. Ky është një udhërrëfyes turistik. – Ky është udhërrëfyesi shqiptar. Ky është një mik austriak. – Ky është miku austriak. Kjo është një muzikë e njohur. – Kjo është muzika e njohur. Ky është një ushqim shqiptar. – Ky është ushqimi shqiptar.
Ü. 60	1) e saktë, 2) e gabuar, 3) e saktë, 4) e gabuar, 5) e gabuar
Ü. 61	1. Kush është kjo? Kjo është motra, Edlira. 2. Kush është ky? Ky është miku nga Austria. 3. Çfarë është kjo gjë? Kjo është një valixhe. 4. Cili është Genti? Ja, ai atje është Genti. 5. Cila është Edlira? Ajo atje është Edlira. 6. Çfarë është kjo gjë? Ky është një ushqim tradicional shqiptar. 7. Cili është udhërrëfyesi turistik? Ja, ky këtu. 8. Cila është shtëpia karakteristike? Ja, kjo këtu.
Ü. 62	1) sheshi 2) miku 3) dritarja 4) udhërrëfyesi 5) Edlira
Ü. 63	Kjo është një makinë e shpejtë. Ja makina e shpejtë. Kjo makinë është e shpejtë. Kjo është një dritare e hapur. Ja dritarja e hapur. Kjo dritare është e hapur. Ky është një aeroport modern. Ja aeroporti modern. Ky aeroport është modern. Ky është një mik kosovar. Ja miku kosovar. Miku është kosovar. Ky është një ushqim i mirë. Ja ushqimi i mirë. Ky ushqim është i mirë. Ky është një shok i mirë. Ja shoku i mirë. Genti është shok i mirë.
Ü. 64	Adjektiv mit Begleitartikel, männlich: trafik i dendur, studim i vështirë, kurs i ri Adjektiv mit Begleitartikel, weiblich: shoqe e mirë, gjuhë e bukur Adjektiv, ohne Begleitartikel, männlich: mbiemër shqiptar, kurs intensiv Adjektiv ohne Begleitartikel, weiblich: origjinë shqiptare, kulturë shqiptare, shoqe shqiptare, kulturë magjepsëse
Ü. 65	e martuar, ⃠ shqiptar, e mirë, e parë, ⃠ beqare, ⃠ shqiptare, i dendur, ⃠ intensiv, i vështirë
Ü. 66	student – studenti, jurisprudencë – jurisprudenca, dëshirë – dëshira, arkitekturë – arkitektura, kurs – kursi, vonesë – vonesa, ditë – dita, shoqe – shoqja, trafik – trafiku, studim – studimi
Ü. 67	(1) po, (2) po, (3) po, (4) po, (5) po

Ü. 68 1. Tomi 2. Majlinda 3. Klara 4. Majlinda 5. Magdalena 6. Klara 7. Tomi 8. Magdalena

Ü. 69/a 1. jurisprudence – studioj, 2. unë – quhem,
3. shqip – flas, 4. Kosovë – vij, 5. gjuhë e bukur – jam

Ü. 69/b *Z. B.:* 1. Tomi studion jurisprudencë. 2. Unë quhem Majlinda.
3. Ai flet shqip. 4. Unë vij nga Kosova. 5. Kjo është gjuhë e bukur.

Ü. 70 Z. B.: flas shqip, jam kosovar, përkthyese e mirë, shesh i njohur, gjuhë e bukur etj.

Ü. 71 1. anglez–angleze, 2. shqiptar–shqiptare, 3. kanadez–kanadeze,
4. evropian–evropiane, 5. japonez–japoneze, 6. gjerman–gjermane

Ü. 72 Emri: Alban, Louis (Lui), Ida (Ida), Emma (Ema), Patrick (Petrik)
Mbiemri: Shkëmbi, Dupont (Dypo), Petersen (Petersen),
Hakonsen (Hakonsen), Braxton (Brekston)
Vendlindja: Shqipëri, Belgjikë, Danimarkë, Norvegji, Irlandë
Prejardhja: shqiptar, belg, daneze, norvegjeze, irlandez
Gjuha: shqip, gjuha belge, danisht, norvegjisht, gjuha irlandeze
Profesioni: student, arkitekt, studente, dentiste, student

Ü. 73 *–ez:* anglez,e; finlandez,e; kanadez,e; irlandez,e; danez,e; kinez,e; japonez,e
–*(i)an:* gjerman,e; nigerian,e; amerikan,e; afrikan,e; australian,e;
evropian,e; korean,e; italian,e; brazilian,e
–ar: shqiptar,e; kosovar,e
të tjera: spanjoll,e; çek,e; slloven,e; belg,e; argjentinas,e; austriak,e

Ü. 74 (një) gomë – goma – (disa) goma; (një) lule – lulja – (disa) lule;
(një) dritare – dritarja – (disa) dritare; (një) shtëpi – shtëpia – (disa) shtëpi;
(një) kuti – kutia – (disa) kuti; (një) stilograf – stilografi – (disa) stilografë;
(një) flamur – flamuri – (disa) flamurë; (një) laps – lapsi – (disa) lapsa;
(një) stol – stoli – (disa) stola; (një) stilolaps – stilolapsi – (disa) stilolapsa;
(një) shok – shoku – (disa) shokë; (një) mik – miku – (disa) miq

Ü. 75/a një dritare e hapur – disa dritare të hapura;
një mik i vjetër – disa miq të vjetër;
një çantë e lirë – disa çanta të lira;
një lule e freskët – disa lule të freskëta; një stol i verdhë – disa stola të verdhë

Ü. 75/b Kjo është një dritare e hapur.
Këto janë disa dritare të hapura. / Ky është një mik i vjetër.
Këta janë disa miq të vjetër. Kjo është një çantë e lirë.
Këto janë disa çanta të lira. / 5. Kjo është një lule e freskët.
Këto janë disa lule të freskëta. Ky është një stol i verdhë.
Këta janë disa stola të verdhë.

Ü. 78 Z.B.: jam e martuar, jam nga Italia, jam shqiptare,
jam beqare, jam student, jam i lumtur, jam në Rinas, jam me vonesë

Ü. 79 1. Magdalena mëson shqip me dëshirë. 2. Klara është shumë kureshtare.
3. Gjuha shqipe është shumë e bukur. 4. Kultura shqiptare është magjepsëse.

Ü. 80 1. shesh 2. Alo? 2. Rinas 4. Tiranë

Ü. 81 1. e shpejtë 2. e bukur 3. turistik 4. i njohur 5. e njohur 6. i vështirë 7. shqiptar

Ü. 82 disa libra–librat; disa batanije – batanijet; disa jorganë – jorganët;
disa perde – perdet; disa cd – cd–të; disa shtëpi–shtëpitë, disa kafe–kafetë

Ü. 83 1. Këtu janë disa libra. Librat janë këtu.
2. Këtu janë disa batanije. Batanijet janë këtu.
3. Këtu janë disa jorganë. Jorganët janë këtu.
4. Këtu janë disa perde. Perdet janë këtu.
5. Këtu janë disa *cd*. *Cd*–të janë këtu.

6. Këtu janë disa shtëpi. – Shtëpitë janë këtu.
7. Këtu janë disa kafe. Kafetë janë këtu.

Ü. 87 Ky është një disk me muzikë jazz. – Edlira ka një disk me muzikë jazz.
Kjo është një paketë me çokollata. – Tomi ka një paketë me çokollata.
Ky është një album për fotografi. – Tomi ka një album për fotografi.

Ü. 88 1. Ky është një libër. Këtu jam një libër.
2. Kjo është një çantë. Këtu kam një çantë.
3. Kjo është një dhuratë. Këtu kam një dhuratë.
4. Ky është një album. Këtu kam një album.
5. Kjo është një fotografi. Këtu kam një fotografi.

Ü. 89 1. Këta janë disa libra. Këtu kam disa libra.
2. Këto janë disa çanta. Këtu kam disa çanta.
3. Këto janë disa dhurata. Këtu kam disa dhurata.
4. Këta janë disa albume. Këtu kam disa albume.
5. Këto janë disa fotografi. Këtu kam disa fotografi.

Ü. 90 1. Tomi është në kurs. 2. Në orën 11 Genti është në kafene.
3. Kafeneja “Studenti” ndodhet në rrugën “Nënë Tereza”.

Ü. 91 1. udhërrëfyes, udhërrëfyesin; 2. mik, mikun; 3. dhurata, dhuratat

Ü. 92 Shqipërinë, shtëpinë, kinemanë, babanë, vëllanë, Italinë, kinemanë, vëllanë, shtëpinë

Ü. 93 kafenenë, kafe, kursin, kurs, rrugë, rrugën,
kinemanë, kinema, tryezë, tryezën,
raftin, raft, raftin, raft, tryezë, tryezën

Ü. 95 Klara: nip, motër, vëlla, mbesë
Tomi: nip, motër, gjysh
Karlosi: motër, mbesë
Magdalena: nip, mbesë
Xhejmsi: motër, vëlla

Ü. 96 Klara ka një motër dhe një vëlla. Ajo ka një nip dhe një mbesë.
Tomi ka një motër, një nip dhe një gjysh.
Karlosi ka një motër dhe një mbesë.
Magdalena ka një vëlla, një nip dhe një mbesë.
Xhejmsi ka një motër dhe një vëlla.

Ü. 97 1. gjyshe, 2. motër, 3. dajë, 4. hallë, 5. xhaxha, 6. vëlla, 7. nënë, 8. baba

Ü. 98 **Mashkullore:** baba, **gjysh**, vëlla, xhaxha, **nip**, **kushëri**, kunat, bashkëshort
Femërore: nënë, gjyshe, motër, hallë, mbesë, kushërirë, kunatë, bashkëshorte

Ü. 99 **Mashkullore:** vëllai im, yt, **i tij**, i saj, ynë, juaj, **i tyre**, i tyre
Femërore: motra ime, **jote**, e tij, **e saj**, **jonë**, **juaj**, e tyre, **e tyre**

Ü. 100 1. ime, 2. i saj, 3. jote, 4. e tij, 5. i tij, 6. e saj, 7. yt, 8. Im

Ü. 101 1. jonë, 2. juaj, 3. e tyre, 4. ynë, 5. jonë, 6. juaj

Ü. 102 1. e tyre, 2. yt, jote, 3. juaj, 4. i saj, 5. i tyre, 6. ime

Ü. 103 1. Emi është gazetare. Në kohën e lirë ajo luan në kitarë.
2. Antoni është shofer. Në kohën e lirë ai luan bilardo me shokë.
3. Anila është sekretare. Në kohën e lirë ajo shëtit në park ose lexon një libër.

Ü. 104 1.) luan, dembel, lexon; Unë nuk kam shumë kohë për shokët e mi.
2.) mjeke, kureshtare, merret me sport; Unë ha me kujdes dhe vrapoj çdo ditë.

Ü. 105 prindërit, vëllai, kunata, mbesa, gjyshja, xhaxhai, kushëriri

Ü. 106 1. e tija, 2. e saj, 3. e mi, 4. e saja, 5. e tu, 6. e tua, 7. e mia, 8. e tij

Ü. 108 1. Itali, 2. 1 vjeçe, 3. nip dhe mbesë, 4. Shqipëri

Ü. 109 1. e mi, 2. e tu, 3. e saja, 4. tuaja, 5. jote, 6. e tij, 7. e mia, 8. yt, 9. tanë, 10. e tyre, 11. e saj, 12. e saja, 13. e tua, 14. im, 15. tuaj, 16. e tija, 17. e saj, 18. tanë, 19. e tij, 20. e tyre

Ü. 110/b Personi 1: Unë kam dy vëllezër. Vëllezërit e mi janë të rinj.
Personi 2: Unë kam tri shoqe të mira. Shoqet e mia jetojnë në Amerikë.
Personi 3: Unë kam një motër. Hobet e saja janë të shtrenjta. Ajo luan tenis dhe në piano.

Ü. 111 1. Emri: Rudina; Profesioni: mjeke; Hobi: shëtitë me biçikletë dhe gatuan me dëshirë
2. Emri: Alban; Profesioni: student; Hobi: luan tenis dhe lexon libra me dëshirë

Ü. 113 1. bukur, 2. shqiptarë, 3. shpejt, 4. e dashur

Ü. 114/a 1. kotëleta, 2. e shijshme, 3. kuzhinë, 4. bëjë sport, 5. kursin, 6. kuzhinën dhe ushqimet

Ü. 115

	Foljet ndihmëse	**gatuaj**	**pastroj**	**sistemoj**
unë	duhet / mund / dëshiroj	të gatuaj	të pastroj	**të sistemoj**
ti	duhet / mund / dëshiron	të gatuash	**të pastrosh**	të sistemosh
ai, ajo	duhet / mund / dëshiron	të gatuajë	të pastrojë	**të sistemojë**
ne	duhet / mund / dëshirojmë	të gatuajmë	**të pastrojmë**	të sistemojmë
ju	duhet / mund / dëshironi	të gatuani	**të pastroni**	të sistemoni
ata, ato	duhet / mund / dëshirojnë	të gatuajnë	të pastrojnë	**të sistemojnë**

Ü. 117 1. të provojë, 2. të tregojë, 3. të sistemojë, të pastrojë, 4. të shpejtoj, 5. të gatuajë

Ü. 118 1. Unë duhet të punoj edhe në fundjavë.
2. Ne mund të shkojmë bashkë në supermarket.
3. Ajo dëshiron të bëjë sport me shoqet.
4. Ato dëshirojnë të blejnë një dhuratë për kolegen.
5. Nuk mund të lexoj shpejt.

Ü. 119 Personi 1: pastroj, shëtis, gatuaj
Personi 2: merrem me sport, lexoj libër
Personi 3: shëtis, shkoj në kinema

Ü. 120 Tapas – Spanjë; Makarona – Itali; Knëdeli – Austri;
Flija – Kosovë; Dëner Kebapi – Turqi; Çaji me qumësht – Angli;
Fërgesa tiranase – Shqipëri, Ruladë e mbushur – Kinë

Ü. 121/a 1. Tapas është ushqim spanjoll.
2. Makaronat janë ushqim italian.
3. Flija është ushqim kosovar.
4. Çaji me qumësht është pije angleze.
5. Dëner Kebapi është ushqim turk.
6. Fërgesa tiranase është ushqim shqiptar.

7. Knëdeli është ushqim austriak.
8. Rulada e mbushur është ushqim kinez.

Ü. 122
1. Sot studentët janë në treg.
2. Ata bëjnë një listë dhe blejnë ushqime të ndryshme.
3. Klara dhe Karlosi janë te ndarja për fruta dhe perime.
4. Tomi dhe Magdalena janë te ndarja për bulmet.
5. Xhejmsi sheh një *fast food*.
6. Sufllaqet janë ushqim i shpejtë dhe i mirë.
7. Të gjitha kushtojnë 1600 lekë.

Ü. 123 1. atë, 2. mua, 3. ne, 4. ty, 5. ata, 6. ato, 7. ju

Ü. 124 1. mua, 2. ju, 3. atë, 4. ty, 5. ata, 6. atë, 7. ne, 8. ty, 9. ata, 10. mua, 11. atë, 12. ato, 13. atë, 14. ato

Ü. 125

Fruta	Perime	Bulmet	Ëmbëlsira
mollë	spec	gjizë	kek
dardhë	patëllxhan	djathë	krem karamel
portokall	spinaq	bozë	buding
pjeshkë	domate	qumësht	akullore
banane	patate	gjalpë	bakllava

Ü. 126

Në mëngjes...:
1. pi veç një kafe.
2. ha patjetër djathë dhe një vezë të skuqur si dhe pi një gotë qumësht pa sheqer.
3. pi një lëng portokalli të freskët dhe ha një vezë të zier me domate dhe ullinj.
4. pi një kafe me qumësht dhe ha një rriskë bukë të thekur me mjaltë.

Në drekë...:
1. ha një supë me mish dhe një sallatë.
2. ha spageti me perime dhe një sallatë të freskët me kos dhe trangull.
3. ha një sallatë dhe një çokollatë me drithëra, gjithashtu pi shumë lëngje, kryesisht çaj të gjelbër.
4. ha një sallatë mikse me kotëletë dhe garniturë oriz ose patate të ziera.

Në darkë...:
1. ha një rriskë të thekur me speca të kuq dhe proshutë viçi.
2. ha një picë me sallatë dhe pi një gotë koka–kola.
3. ha supë me perime dhe pi një çaj me lule kamomili.
4. ha kos natyral dhe një sallatë frutash.

Ü. 129/b
Ushqim: Kotëletë pule, patate të skuqura, patate të ziera
Pije: lëng molle

Ü. 130 1.klientja, 2. kamarjeri, 3. kamarjeri, 4. klientja, 5. kamarjeri, 6. klientja, 7. klientja

Ü. 131
1. Një këmishë, një disk me muzikë ose një libër.
2. Genti preferon stilin sportiv.
3. Edlira dhe Tomi janë në dyqanin e rrobave.

Ü. 132
1. Edlira dhe Tomi shohin koleksionin e ri.
2. Edlira dhe Tomi shohin këmishën e gjelbër.
3. Edlira dhe Tomi shohin kapelën e bardhë.
4. Edlira dhe Tomi shohin disa këmisha elegante.
5. Edlira dhe Tomi shohin fustanin e kuq.

Ü. 133 e kuqe, e kuqe; i ri, e ri; shqiptar, shqiptar; e reja, e reja; amerikane, amerikane

Ü. 134
1. Kjo është një kapelë e kuqe. Unë blej një kapelë të kuqe.
2. Ky është një koleksion i ri. Unë shoh një koleksion të ri.
3. Ai është një shok shqiptar. Unë takoj një shok shqiptar.
4. Këto janë disa çizme të reja. Unë blej disa çizme të reja.
5. Ajo është një kolege amerikane. Unë pi kafe me kolegen amerikane.

Ü. 135

kallëzore, **trajta e shquar**	**kallëzore,** **trajta e pashquar**
lulet e freskëta	disa lule të freskëta
vazon e madhe	**një vazo të madhe**
këmishën e freskët	**një këmishë të freskët**
kapelën blu	**një kapelë blu**
gjizën e freskët	**një gjizë të freskët**
tortën dykatëshe	**një tortë dykatëshe**

Ü. 136

Njëjës		**Shumës**	
Mashkullore	**Femërore**	**Mashkullore**	**Femërore**
i bardhë	**e bardhë**	**të bardhë**	të bardha
i verdhë	e verdhë	**të verdhë**	të verdha
i gjelbër	e gjelbër	të gjelbër	**të gjelbra**
i kuq	**e kuqe**	**të kuq**	të kuqe
i zi	e zezë	të zinj	**të zeza**
blu	**blu**	**Blu**	blu
ngjyrë kafe	ngjyrë kafe	ngjyrë kafe	**ngjyrë kafe**
ngjyrë lile	**ngjyrë lile**	ngjyrë lile	**ngjyrë lile**
ngjyrë portokalle **ose**: portokalli	ngjyrë portokalle **ose**: portokalle	**ngjyrë portokalle** **ose**: portokallinj	ngjyrë portokalle **ose**: portokalle

Ü. 137 1. e kuqe, të kuqe; 2. i ri, të rinj; 3. jeshile, jeshile; 4. i gjelbër, të gjelbra; 5. e zezë, të zeza

Ü. 139 1. interesante, 2. qira, 3. banon, 4. metra katrorë, 5. ofertat, 6. qiranë, 7. njoftime, 8. kërkesë

Ü. 140 mua **më,** ty **të,** atë **e,** atë **e**

Ü. 141 më, e, e, e, më, e, të

Ü. 142 mua, ty, mua, atë, atë, atë, ty, atë

Ü. 143

1. Motra nuk më telefonon çdo ditë.
2. Genti nuk e ndihmon Tomin për banesën.
3. Ne nuk e ndajmë qiranë në pesë pjesë.
4. Nuk e njoh këtë gazetë shqiptare.
5. Fqinjtë nuk më përshëndesin çdo ditë.
6. Unë nuk e shoh Edlirën shpesh në treg.
7. Vera nuk të lexon një libër me përralla.

Ü. 144

1. Grupin e ndihmojnë Majlinda dhe Genti.
2. Majlinda sjell në klasë disa gazeta.
3. Majlinda i sjell gazetat në klasë, sepse studentët kërkojnë shtëpi me qira.
4. Klara dhe Tomi kërkojnë ofertat në internet.
5. Majlinda preferon gazetën "Korrieri".

Ü. 145

ne **na,** ju **ju,** ata **i,** ato **i**

Ü. 146

na, i, ju, i, na

Ü. 149

1. Vesa është më e madhe se Arsimi.
2. Kopshti është më i madh se oborri.
3. Pallati është më i vogël se shtëpia private.
4. Arsimi kursen tani më shumë se Vesa.
5. Ai preferon jetën aktive më shumë se jetën e qetë në periferi.

Ü. 151

1. Arsimi është më i vogël se Vesa.
2. Vëllai i saj ha gjithmonë më shumë se ajo.
3. Unë shkruaj më mire se ai.
4. Karrigia është më e rehatshme se kolltuku.

Ü. 152/b

☒ – Jetoni vetëm dhe kërkoni një garsonierë. Nuk keni mobilje.
B – Jeni përkthyes. Kërkoni një zyrë të vogël për përkthime.
C – Kërkoni një shtëpi më qira për dy javë në bregdet.
Ç – Studentët kërkojnë një banesë të përbashkët. Janë katër persona dhe kërkojnë një apartament me qira të leverdishme.
☒ – Jeni student në Tiranë dhe kërkoni një garsonierë – rreth 30 m2, qiraja e leverdishme.
A – Dëshironi të hapni një restorant të madh familjar, në verë edhe për dasma.

Ü. 153

1. Korridori është i ngushtë.
2. Kuzhina ka mobilie të reja. Kuzhina është e rinovuar.
3. Banesa ka ngrohje qendrore.

Ü. 155

t'i, t'i, t'i, ta

Ü. 158

1. flas, 2. troket, 3. merr, 4. flet, 5. njeh,6. nxjerrin,
7. sheh, 8. shohin, 9. nxjerr, 10. flisni, 11. flasin, 12. trokasin

Ü. 159

1. Në festë ftoj mikun tim Gentin.
2. Unë ftoj në festë miken time polake.
3. Ne ftojmë në festë mësuesen tonë.
4. Gjithashtu ftojmë Magdalenën me bashkëshortin e saj.
5. Klara mund të ftojë shoqen e saj.

Ü. 160/b

e mi, e saj, e tij, e tua, e saja, e tij

Ü. 161/b

tanë–tanë, tuaj–tuaj, e tyre–e tyre, e tyre–e tyre, tona–tona,
tuaja–tuaja, tuaja–tuaja, e tyre–e tyre, e tyre–e tyre

Ü. 162/b

tanë, e tyre, e tyre, tuaja, tuaja, e tyre

FJALORI (Shqip–Germanisht) – Vokabelverzeichnis (Albanisch–Deutsch)

A

a	Fragepartikel
adresë	Adresse
aeroplan	Flugzeug
aeroport	Flughafen
afër	nahe
ai	er
ajo	sie (f. sg.)
akoma	noch
aktivitet	Aktivität
aktor	Schauspieler
aktual,e	gegenwärtig
akullore	Eiscreme
album	Album
amerikan	Amerikaner; amerikanisch
Amerikë	Amerika
anë	Seite
Angli	England
anglisht	Englisch (Sprache)
anglisht	englisch
arançatë	Orangeade
arkaik	archaisch
arkitekturë	Architektur
arrij	ankommen
artikull	Artikel
ata	sie (m. pl.)
atëherë	dann; damals
atje	dort
ato	sie (f. pl.)
aty	da, dort
Austri	Österreich
austriak	österreichisch; Österreicher
autobus	Autobus
avion	Flugzeug

B

baba	Papa
baballarë	Väter
babi	Vater, Papa
bagazh	Gepäck
ballkon	Balkon
banak	Theke
banane	Banane
banesë	Wohnung
banjo	Bad
banoj	wohnen
bardhë (i,e)	weiß
bashkë	gemeinsam
bashkëkohor,e	zeitgenössisch
bashkëshort	Ehemann
bashkëshorte	Ehefrau
batanije	Decke
bëj	machen
belg	Belgier
beqar,e	ledig, Single
bezhë	beige
bilardo	Billard
binjakë	Zwillinge
bir	Sohn
blej	kaufen
bllok	Block
blu	blau
bluzë	Bluse
boksier	Boxer
bostan	Melone
bozë	Kefirsorte
bregdetar	Küsten–
brokë	Krug
bufe	Buffet
bukur (i,e)	schön
bulmet	Milchprodukt
buqetë	Blumenstrauß
burrë	Mann
byrek	Burek

C

celular	Handy
cila	welche
cilësor,e	qualitativ
cili	welcher
copë	Stück

Ç

çantë	Tasche
çatoj	chatten
çerdhe	Kinderkrippe
çfarë	was
çift	hier: Paar
çizme	Stiefel
çmim	Preis
çokollatë	Schokolade
çorape	Socken, Strumpf
çuditshme (e)	seltsam

D

dajë	Onkel (mütterlicherseits)
dakord	einverstanden
das/ëm, ma	Hochzeit
dashura (e)	Geliebte
dashuri	Liebe
dashuri (i)	Geliebter
dashuruar (i,e)	verliebt
dembel,e	Faulpelz
dendur (i,e)	dicht
derë	Tür
deri	bis
dëshirë	Wunsch
dëshiroj	wünschen, wollen
diçka	etwas
disa	einige
disk	Scheibe, Platte
diskotekë	Diskothek
diskutueshëm (i,e)	diskutabel
ditë	Tag
ditëlindje	Geburtstag
djalë	Junge
djathë	Käse
djathtas	rechts
domate	Tomate
dosje	Mappe
drejtë	hier: geradeaus
drekë	Mittagessen
dritare	Fenster
drithë	Weizen
dru	Holz
dua	lieben, mögen
duhet	müssen
dy	zwei
dykatësh,e	zweistöckig
dymbëdhjetë	zwölf
dyqan	Geschäft
dytë (i,e)	zweite(r)

Dh

dhe	und
dhjetë	zehn
dhjetë (i,e)	zehnte(r)
dhomë	Zimmer
dhuratë	Geschenk

E

e	und
edhe	und, auch
elegant,e	elegant
elektricist	Elektriker
emër	Name
enëlarëse	Geschirrspüler
energji	Energie
erë	Wind
evropian	Europäer, europäisch

Ë

ëmbël (i,e)	süß
ëndërroj	träumen

F

faleminderit	Danke
famë	Ruhm, Berühmtheit
familje	Familie
fantastik,e	fantastisch
fatkeqësisht	leider
fejuar (i,e)	verlobt
fëltere	Kochtopf
fëmijë	Kind
fërgesë	Pfannengericht mit Eiern und Leber
fetë	Scheibe
festë	Fest, Feier
festoj	feiern
filloj	beginnen
film	Film
filxhan	Tasse
financiarisht	finanziell (Adv.)
Finlandë	Finnland
finlandisht	Finnisch
fjalë	Wort
fjalor	Wörterbuch, Vokabular
flamur	Fahne
flas	sprechen
fletë	Blatt
fletore	Heft
fluturim	Flug
forcë	Kraft
fotografi	Fotografie
fqinj	benachbart, Nachbarn
Francë	Frankreich
franceze	Französin, französisch (Adj. f. sg.)
frëngjisht	Französisch (Sprache)
freskët (i,e)	frisch (sg.)
freskët, a (të)	frisch (pl.)
freskues,e	erfrischend
freskuese	erfrischend
frigorifer	Kühlschrank
frutë	Frucht
frymëzim	Inspiration
fshesë	Besen
fshesë me korrent	Staubsauger

ftesë	Einladung
ftoj	einladen
fund	Ende; Rock
fundjavë	Wochenende
furrë	Ofen
furrë elektrike	E–Herd
furrë me gaz	Gasherd
fustan	Kleid
fyej	beleidigen

G

gabuar (e)	falsch
garsonierë	Einzimmerwohnung
garuzhdë	Kochlöffel
gati	bereit; fast
gatuaj	kochen
gaz	Gas
gazetar,e	Journalist
gazetë	Zeitung
gete	Strumpfhose
gomë	Radiergummi
gotë	Trinkglas
gotë plastike	Becher
grua	Frau
grup	Gruppe
gur	Stein

Gj

gjashtë	sechs
gjashtë (i,e)	sechste(r)
gjashtëmbëdhjetë	sechzehn
gjë	Sache, Ding
gjej	finden
gjel deti	Truthahn
gjelbër (i,e)	grün
gjenden = ndodhen	befinden sich
gjendet = ndodhet	befindet sich
gjërë (i,e)	weit, breit
gjerman, e	Deutscher; Deutsche
Gjermani	Deutschland
gjermanisht	Deutsch (Sprache)
gjimnaz	Gymnasium
gjithashtu	auch, ebenso
gjithçka	alles
gjithë	alle, ganz
gjithmonë	immer
gjithnjë	immer
gjizë	Topfen, Quark
gjuhë	Sprache
gjysh	Großvater
gjyshe	Großmutter

H

ha	essen
hallë	Tante (väterlicherseits)
hamburger	Hamburger
hapur (i,e)	offen
hartë	Landkarte
hekur	Eisen, Bügeleisen
herë	Mal
hobi	Hobby
huaj (i,e)	Fremder, Ausländer
hyj	eintreten
hyrje	Eingang, auch: Wohnung

I

ide	Idee
im	mein
informacion	Information
informoj	informieren
inteligjent,e	intelligent
interesant,e	interessant
ish–	hier: ehemalig; Ex-
Itali	Italien
italiane	Italienerin
italisht	Italienisch (Sprache)

J

ja	hier, schau
jam	sein (Verb); ich bin
japonez	Japaner; Japanisch
javë	Woche
jeshil	Umgangssprache
jetoj	leben
jo	nein
jonë	unsere
jorgan	Steppdecke
jote	deine
ju	ihr; Sie
juaj	euer; Ihr
jurisprudencë	Jurisprudenz

K

kafe	Kaffee
kallëzore	Akkusativ
kaloj	vorbeigehen
kam	haben
kamomil	Kamille
kampione	Meisterin
Kanada	Kanada
kanadez,e	kanadisch
kanotierë	Unterhemd, Trikot
kapak	Deckel

kapelë	Hut
karakteristik,e	charakteristisch
karrige	Stuhl
karrige me rrota	Rollstuhl
kartëvizitë	Visitenkarte
kastravec	Gurke
kat	Stockwerk
katër	vier
katërmbëdhjetë	vierzehn
katërt (i,e)	vierte(r)
kek	Kuchen
këmbë	Bein, Fuß
këmishë	Hemd
kënaqësi	Zufriedenheit, Freude
këngë	Lied
këngëtar	Sänger
këngëtare	Sängerin
këpucë	Schuh
kërkoj	suchen; verlangen
kështu	so
këtë	dieser, diese, dieses (Akk.)
këto	diese (f. pl.)
këtu	hier
kimë	Auflauf mit Zwiebeln und Fleisch
Kinë	China
kinema	Kino
kinkaleri	Kurzwaren; Kurzwarenhandlung
kitarë	Gitarre
kjo	Diese (f. Sg.)
klasë	Klasse
kohë	Wetter, hier: Zeit
koleksion	Sammlung, Kollektion
kolltuk	Sessel
komb	national
kombëtar	national
kompjuter	Computer
kompletuar (i,e)	hier: eingerichtet
koncert	Konzert
konferencë	Konferenz
konfuz	konfus
kontorno	Beilage
kopsht	Garten; Kindergarten
korrigjoj	korrigieren
korrent	Strom
kos	Joghurt
kosovar,e	Kosovare
kostum	Kleid
kotëletë	Kotelett, Schnitzel
kravatë	Krawatte
krenar,e	stolz
kripë	Salz
kryeqytet	Hauptstadt
kryqëzim	Kreuzung
kthehem	zurückkehren
kthim	Rückgabe
ku	wo
kujdes	Vorsicht
kullore	Sieb (Küche)
kulturë	Kultur
kumbull	Pflaume
kunatë	Schwager
kuptoj	verstehen
kuq (i), kuqe (e)	rot
kur	wann?; als
kureshtar, –e	neugierig
kurs	Kurs
kursej	sparen
kush	wer
kushëri	Cousin
kushtoj	kosten
kuti	Schachtel
kuzhinë	Küche
ky	dieser

L

lagje	Stadtviertel
lajm	Nachricht
lajmërim	Benachrichtigung
lakër	Kohl
laps	Stift, Bleistift
larg	weit (Adv.)
lartë (i,e)	hoch
lavaman	Waschbecken
lek	Lek (albanische Währung)
lëmsh	Durcheinander
lëng	Saft
lëng portokalli	Orangensaft
leverdishme (e)	preisgünstig; profitabel
lexoj	lesen
libër	Buch
librari	Buchhandlung
lile	lila
limon	Zitrone
limonadë	Limonade
linjë	Linie
lirë (i,e)	frei
lirshëm (i), lirshme (e)	frei
lirshme (e)	frei (f.)
listë	Liste
lodhshëm (i), lodhshme (e)	anstrengend
luaj	spielen
lugë	Löffel
luksoz	luxuriös
lule	Blume
lumtur (i, e)	glücklich

Ll

llambë Lampe
llampadar Lampenschirm

M

madh (i) groß (m. sg)
madhe (e) groß (f. sg.)
madhështor,e großartig, grandios
magjepsëse bezaubernd
magnetofon Kassettenrekorder
majonezë Mayonnaise
majtas links
makarona Nudeln
makinë Auto
mall Sehnsucht
mami Mama
marr nehmen
martesë Heirat; Ehe
martuar (i,e) verheiratet
masë Maß; Ausmaß
maturë Matura
mbesë Nichte
mbi auf
mbiemër Familienname; Adjektiv
mbledh sammeln
mbulesë Decke
mbush anfüllen, befüllen
mbushur (i,e) voll, angefüllt
me mit
më mehr
më (mua) mich
mëdha (të) groß (f. pl.)
mëdhenj (të) groß (m. pl.)
merrem me sport Sport treiben
mësim Unterricht; Lektion
mesnatë Mitternacht
mësoj lernen
mësuese Lehrerin
metal Metall
metra katrorë Quadratmeter
mi (e) meine (m. pl.)
mia (e) meine (f. pl.)
mijë tausend
mik Freund; Gast
mikrovalë Mikrowelle
mikser Mixer
milanez,e mailändisch (f., m.)
minutë Minute
miqësor,e freundschaftlich
mirë gut
mirëmbajtje Instandhaltung
mish Fleisch
mjaft genug
mjaltë Honig
mjeke Ärztin
mobilie Möbel
mobiluar (i,e) möbliert
modern,e modern
mollë Apfel
motër Schwester
motivim Motivation
mozaik Mosaik
mrekullueshëm (i), mrekullueshme (e) wundervoll
mrekullueshëm (i), mrekullueshme (e) wunderbar
mua mir; mich
muaj Monat
mund können
mundshëm (i), mundshme (e) möglich
muzikë Musik
muzikor,e musikalisch

N

na uns
natyrisht natürlich
ndaj trennen; Präp.: zu, gegenüber
ndërsa während; wohingegen
ndërtim Aufbau
ndihmë Hilfe
ndonjë irgendein(e)
ndoshta vielleicht
ndryshme (të) verschieden (f. pl.)
ne wir
në in
nën unter
nënë Mutter
nëntë neun
nëntë (i,e) neunte(r)
nëntëmbëdhjetë neunzehn
nesër morgen
nevojë Bedarf, Notwendigkeit
nga aus
nganjëherë manchmal
ngjyrë Farbe
ngrohja Heizung
ngrohtë warm
ngushtë (i,e) eng
nip Neffe
nuk nicht
nxënës Schüler

Nj

një	eins; ein, eine, ein, einen
njëjtë (i/e)	dasselbe
njëmbëdhjetë	elf
njëzet	zwanzig
njoftim	Benachrichtigung
njoh	kennen
njohur (i,e)	bekannt

O

oborr	Hof
ofertë	Angebot
orë	Stunde; Uhr
origjinë	Herkunft, Ursprung
oriz	Reis
ose	oder

P

pa	ohne
paguaj	bezahlen
paisje	Ausrüstung; Gerät
pak	wenig, ein bisschen
paketë	Paket
pallat	Wohnblock
pallto	Mantel
pamje	Blick, Sicht
pantallona	Hose
para	vor
paradhomë	Gang, Korridor
paradite	vormittags
parë (i,e)	erste(r)
parlamentar, –e	parlamentarisch, Parlaments-
parukjere	Friseur
pasagjer	Passagier
pasaportë	Reisepass
pasdite	Nachmittag
pasnesër	übermorgen
pasqyrë	Spiegel
pastaj	hier: dann
pastiçeri	Konditorei
pastroj	putzen
patate	Kartoffel
patëllxhan	Aubergine
patjetër	sicherlich, auf jeden Fall
pavarur (i,e)	unabhängig
pemë	Baum
pensionist, –e	Rentner
për	für
përbashkët (i,e)	gemeinsam
perde	Vorhang
përditshme (e)	täglich
përdoret	verwendet werden
përfshij	umfassen, einschließen
përfundoj	aufhören
përgjithshëm (i)	allgemein
periferi	Peripherie
perime	Gemüse
përjavshme (e)	wöchentlich
përkthyese	Dolmetscherin, Übersetzerin
përparëse	Schürze
përpiktë (i,e)	pünktlich
përqind	Prozent
përrallë	Märchen
përsëri	wieder
përshëndes	begrüßen
Përshëndetje!	Hallo! Grüße!
përtac,e	Faulpelz
përvjetor	Jahrestag
përzier (i,e)	vermischt
pesë	fünf
pesëmbëdhjetë	fünfzehn
peshk	Fisch
peshqir	Handtuch
pestë (i,e)	fünfte(r)
piano	Klavier
pica	Pizza
pije	Getränk
pikante	pikant
pikë	Punkt; Tropfen
piktor	Maler
pirun	Gabel
pjatë	Teller
pjepër	Zuckermelone
pjesë	Teil
pjesërisht	teilweise
plastike	Plastik–
plotësim	Ergänzung, Erfüllung
po	ja
poezi	Gedicht; Poesie
polak,e	Pole; Polin; polnisch
politikan,e	Politiker
poltronë	Sessel
por	aber
porosis	bestellen
portmanto	Kleiderständer
portokall	Orange
poshtë	unter
prandaj	daher
pranverë	Frühling
preferoj	vorziehen, lieber mögen
preferuar (i,e)	bevorzugt, Lieblings–
prej	von, durch, aus
prejardhje	Ursprung
prezantoj	präsentieren
prindër	Eltern
privat,e	privat
problem	Problem

profesion Beruf
proshutë Schinken
provë Probe; Beweis
provoj probieren; beweisen
pullë Briefmarke
pulovër Pullover
punëtor,e Arbeiter; fleißig
punoj arbeiten
pushim Pause
pyes fragen

Q

---

qendër Zentrum
qendror,e zentral
qepë Zwiebel
qetë (i,e) ruhig
qetësi Ruhe
qilar Keller
qilim Teppich
qindarkë Cent
qira Miete
quhem ich heiße
qumësht Milch

R

---

raft Schrank
re (e) neu; jung (f. sg.)
rehatshëm (i),
rehatshme (e) gemütlich
reja (të) neu; jung (f. pl.)
relativisht relativ, ziemlich (Adv.)
restorant Restaurant
ri (i) neu, jung
rinj, të hier: neue (pl.)
rinovuar (i,e) erneuert, renoviert
ritmik,e rhythmisch
Romë Rom
rus russisch
Rusi Russland
rusisht Russisch

Rr

---

rregull Ordnung; Regel
rregulluar (i,e) repariert
rreptë (i,e) streng
rreth rund um, circa
rriskë Scheibe, Schnitte
rrobalarëse Waschmaschine
rrobaqepës Schneider
rrugë Straße
rrush Weintraube

S

---

sa wieviel
saj (i,e) ihr, ihre
saktë (i,e) genau
salcë Sauce
sallatë Salat
sallatë frutash Obstsalat
sallon Wohnzimmer
se dass
se als (bei Vergleichen)
sekretare Sekretärin
seksion Abteilung
sesa als (bei Vergleichen)
sfond Hintergrund
sfungjer Schwamm
si wie
siguri Sicherheit
sipërfaqe Fläche, Oberfläche
sirtar Schublade
sistemoj ordnen
sivjet dieses Jahr
sjell bringen
skuqur (i,e) gebraten
sobë Herd
sonte heute Abend
sot heute
spageti Spaghetti
Spanjë Spanien
spanjisht Spanisch
spanjoll, –e Spanisch; Spanier
spec Paprika
specialitet Spezialität
spinak Spinat
sportist, –e Sportler
sportiv sportlich
stacion Station, Haltestelle
stil Stil
stilograf Füllfeder
stilolaps Kugelschreiber
stol Hocker, Schemel
stres Stress
student Student
studim Studium
studioj studieren
stufë Ofen
sufllaqe Spießchen
supermarket Supermarkt
surprizë Überraschung

Sh

---

shah Schach
shall Schal
shembull Beispiel

shenjtë (i,e) heilig
sheqer Zucker
shesh Platz
shëtis spazieren
shijshëm (i),
shijshme (e) wohlschmeckend, lecker
shiko Schau!
shishe Flasche
shitës Verkäufer
shitet zu verkaufen
shkathët (i,e) lebhaft; geschickt
shkëlqyer (i,e) ausgezeichnet
shkodran,e Shkodraner; shkodranisch
shkoj gehen; fahren
shkollë Schule
shkrimtar Autor
shkumës Kreide
shofer Fahrer
shoh sehen
shok Freund
shoqe Freundin
shpejt schnell (Adv.)
shpejtë (i,e) schnell (Adj.)
shpejtoj sich beeilen
shpesh oft
shpirt Seele; Schatz, Liebling
shpresoj hoffen
shqip Albanisch (Sprache)
Shqipëri Albanien
shqipfolës, e der, die Albanischsprechende; albanischsprechend (Adj.)
shqiptar,e Albaner; Albanerin
shtatë sieben
shtatë (i,e) siebente(r)
shtatëmbëdhjetë siebzehn
shtëpi Haus
shtrat Bett
shtrenjtë (i,e) teuer
shumë viel; sehr

T

---

tabaka Teller, Tablett
tablo Bild, Gemälde
takë Absatz (Schuh)
taketuke Aschenbecher
takim Treffen
taksi Taxi
tani jetzt
tapet Teppich
tarracë Terrasse
tashmë schon
te bei
të lumtë Bravo!
të paktën mindestens
tek bei
telefon Telefon
telefonatë Telefonat
televizor Fernsehapparat
tenis Tennis
tenxhere Kochtopf
tetë acht
tetë (i,e) achte(r)
tetëmbëdhjetë achtzehn
teze Tante (mütterlicherseits)
ti du
tij (i,e) sein, seine
tipik,e typisch
tiranas, –e aus Tirana, Tirana–
tjerët (të) die anderen
tjetër anderer, andere
tortë Torte
total,e total, gesamt
tradicional, –e traditionell
traditë Tradition
trafik Verkehr
trangull Gurke
trashë (i,e) dick; dumm
tre drei
treg Markt
tregoj erzählen; zeigen
tregtar,e Händler
trembëdhjetë dreizehn
trëndafil Rose
tretë (i,e) dritte(r)
tryezë Tisch
tu (e) deine (pl.)
turist,e Tourist
turistik touristisch
turk, –e Türke; Türkin
turqisht Türkisch
tyre (i,e) ihr (pl.)

Th

---

thekur (i,e) getoastet, geröstet
them, (ai) thotë sagen
thikë Messer

U

---

udhërrëfyes,e Reiseführer (Person)
udhëtim Reise
udhëtregues,e Reiseführer (Person)
ulje Preissenkung
ulli, –ri Pl.: nj Olive
unë ich bin
uri Hunger
ushqim Essen, Nahrung
ushqimore Lebensmittelgeschäft

V

vajzë	Mädchen
valixhe	Koffer
varioj	variieren
vazhdoj	weitermachen
vazo	Vase
veçantë (i,e)	besonders, speziell
vegjël (të)	klein (m. pl.)
vegjetarian, –e	vegetarisch, Vegetarier
vëlla	Bruder
vend	Land; Ort
vendlindje	Geburtsort; Heimatland
verandë	Veranda
verdhë (i,e)	gelb
verë	Wein; Sommer
vështirë (i,e)	schwierig
vetëm	nur
vezë	Ei
viç	Kalb
vij	kommen
vit	Jahr
vizitoj	besuchen
vjeç	alt (Wie alt bist du?)
vjenez	Wiener
vjetër (i,e)	alt
vogël (i,e)	klein (sg. m. f.)
vogla (të)	klein (f. pl.)
vonë	spät
vonesë	

X

xixë	Funken
xixëllonjë	Glühwürmchen

Xh

xhaketë	Jacke, Sakko
xham	Glas, Scheibe
xhamadan	Traditionelle Jacke (Teil albanischer Volkstrachten)
xhaxha	Onkel (väterlicherseits)
xhup	Strickjacke, Pullover

Y

yll	Stern
yje	Sterne
yt	dein (m. sg.)

Z

zakonisht	normalerweise
zarzavate	Gemüse
zbukurim	Zierde, Verschönerung
zbukuroj	dekorieren
zbukuruar (i,e)	dekoriert
zellshëm (i), zellshme (e)	fleißig
zgjuar (i,e)	klug, intelligent
zier (i,e)	gekocht
zinxhir	hier: Zipper
zog	Vogel
zonë	Zone
zonjë	Frau, Dame
zonjushë	Fräulein
zoti	Herr (Anrede)
Zvicër	Schweiz
zvicerane	Schweizerin

Zh

zhurmë	Lärm

Themenverwandte Empfehlungen

Desara Beqari Gjonej / Martin Prochazka
Eja edhe ti! Band 2 (Niveau A2/1-B1)
Lehrbuch: 74 S., ISBN 3-89657-965-7, 19,80 EUR
Arbeitsbuch: 120 S., ISBN 3-89657-966-5, 19,80 EUR
MP3-Download: ISBN 3-89657-968-1, 5,00 EUR

Das Lehrwerk eignet sich für alle, die Albanisch als Fremdsprache lernen oder als Erstsprache auffrischen wollen, ob im Kurs oder Selbststudium. Mehrere AlbanischstundentInnen in Tirana begleiten die SchülerInnen beim Lernprozess. Dabei werden durchgehend alle vier Sprachfertigkeiten trainiert: Lesen, Hören, Schreiben und Sprechen. Im Mittelpunkt stehen dabei Texte, grammatische und phonetische Übungen sowie auch zweisprachige Wortlisten. Bereits erlernte Inhalte werden dabei geschickt mit neuen kombiniert. Im Arbeitsbuch gibt es passende Übungen, eine ausführliche Grammatik sowie ein Vokabelverzeichnis (Alb.-Dt.). Lösungen sind enthalten. Hochwertige Illustrationen und Fotos runden das Lehrwerk ab.

Emeli Wethmar
Bosnisch für absolute Anfänger (Niveau A1)
Lehrbuch: 144 S., ISBN 3-89657-833-2, 18,80 EUR
Übungsbuch: 96 S., ISBN 3-89657-835-9, 14,80 EUR
Audio-CD: ISBN 3-89657-834-0, 16,80 EUR

Das Lehrwerk richtet sich an absolute AnfängerInnen, die innerhalb kurzer Zeit in die Lage versetzt werden sollen, Alltagssituationen in Bosnien zu meistern und einfache Sachverhalte verständlich zum Ausdruck zu bringen.
Im Mittelpunkt stehen dabei Vokabular und Wendungen im Bereich Alltagsleben und Urlaub. Die Lektionen sind so aufgebaut, dass keinerlei grammatische Fachkenntnisse vorausgesetzt, dabei jedoch alle notwendigen grundlegenden Grammatikregeln der bosnischen Sprache berücksichtigt werden. Durch die motivierend klare und effektive Vermittlung von Basiskenntnissen werden Erfolgserlebnisse erzielt, und es wird Lust auf mehr Bosnisch geweckt ... „Suchtgefahr“ ist also vorprogrammiert!
Der Kurs eignet sich besonders für Autodidakten sowie für den Unterricht an Volkshochschulen und anderen nicht-wissenschaftlichen Bildungseinrichtungen.